KB025315

초크아트
분필로 꿈을 그리는 여자

초크아트
분필로 꿈을 그리는 여자

초판 1쇄 인쇄 2019년 5월 3일
초판 1쇄 발행 2019년 5월 10일

지은이 김소현
펴낸이 우세웅
기획총괄 우 민
책임편집 김은지
기획 · 마케팅 정우진
북디자인 신은경

펴낸곳 슬로디미디어그룹
출판등록 제25100-2017-000035호(2017년 6월 13일)
주소 서울특별시 마포구 월드컵북로 400,
서울산업진흥원(문화콘텐츠센터)5층 2호
전화 02) 493-7780
팩스 0303) 3442-7780
전자우편 wsw2525@gmail.com(원고투고 · 사업제휴)
홈페이지 http://slodymedia.modoo.at
블로그 http://slodymedia.xyz
페이스북 · 인스타그램 slodymedia

Copyright © slodyMedia, 2019

ISBN 979-11-88977-26-0 13190

※이 책은 슬로디미디어와 저작권자의 계약에 따라 발행한 것으로 본사의 허락 없이는 무단전재와 복제를 금하며, 이 책 내용의 전부 또는 일부를 사용하려면 반드시 저작권자와 슬로디미디어의 서면 동의를 받아야 합니다.
※잘못된 책은 구입하신 서점에서 교환해 드립니다.

이 도서의 국립중앙도서관 출판예정도서목록(CIP)은 서지정보유통지원시스템 홈페이지(http://seoji.nl.go.kr)와 국가자료공동목록시스템(http://www.nl.go.kr/kolisnet)에서 이용하실 수 있습니다.
(CIP제어번호 : 2019015451)

chalkart

일하는 여자, 일하는 엄마가 행복하게 사는 법

초크아트

분필로 꿈을 그리는 여자

슬로디미디어

contents

chalkart

2 아이가 잠든 10시, 엄마의 꿈이 펼쳐진다

3 작은 창업으로 큰 꿈을 꾸다

chalkart

4 맞벌이로 산다는 것

chalkart

5 당신도 워킹맘입니까?

PROLOGUE

최고의 순간은 오지 않았다

무언가를 꿈꿀 수 있는 나이는 몇 세부터 몇 세까지인가? “지금 고3인데 미용을 준비하기 늦었을까요?”라는 사람이 있고, “내가 올해 쉰인데 공인중개사 한 번 도전해보려고.”라는 사람이 있다. 앞날을 위해 변화를 꿈꾸는 건 같지만, 자신의 가능성과 한계를 어디까지로 보는지가 다르다.

나이가 쉰이든, 환갑이든 목표를 가지고 도전하는 사람은 본인에게 한계를 두지 않으며 편견을 뛰어넘은 감동을 주기 마련이다.

나는 올해로 서른아홉 살, 내일모레 마흔이다. 어릴 때는 마흔이라고 하면, 최고의 순간을 넘겨 무언가를 이룬 나이라고 생각했다. 당연히 내 집이 있고, 자식을 키우고, 살림하며 평안한 나날을 보내는 여성을 상상했다. 하지만 마흔을 코앞에 둔 지금의 나는 하루 24시간이 모자랄 정도로 많은 꿈을 꾸고 있으니, 어릴 때 상상한 마흔의 모습은 참 억울하겠다.

여자는 마흔이라는 나이 앞에서 많은 것을 느낀다. 요즘은 늦게 결혼하는 추세지만, 마흔 정도가 되면 아이는 엄마 손이 덜 가는 초등 고학년이나 중학생 정도가 된다. 또, 자신의 이름으로 불리기보단 누군가의 엄마로 불리는 게 익숙해진다. 이렇게 아이에게 온갖 정성을 다하다 보면 '내가 원하던 삶이 이런 거였나. 이건 아닌데.' 하는 순간이 온다.

주름이 하나둘 생기고, 여성미를 잃어가는 것도 슬프다. 거울을 보거나 사진 찍기가 싫어진다. 건강도 예전만 못하다. 출산 후 이어진 탈모 현상, 건망증과 우울증, 만성 피로를 달고 사는 여성도 많다. 이렇게 많은 여성이 가사와 육아로 인해 꿈과 건강을 잃어가며 우울한 40대를 맞이한다.

'정수기 필터 교체일이 언제지? 오늘 저녁은 뭐 먹지?' 같은 생각이나 할뿐, '나'에 대한 깊이 있는 성찰하기가 힘들다.

승부는 마흔부터이다

가사와 육아 속에서 가족을 위해 삶을 헌신하는 여성들도 결혼 전에는 자신을 가장 사랑하고 아끼며, 누구보다 치열하게 커리어를 쌓았을 것이다. 그랬던 이들이 다시 설레는 꿈에 도전하겠다고 하면 어떨까?

시대가 많이 변했다고 하지만 여전히 주부의 사회 진출에는 난관이 많다. 남편, 자식, 가사… 이런 생각을 생각하면 '내가 이제 와서 무슨.' 하면서 금방 현실로 돌아오고 만다.

하지만 마흔부터 여자는 두 부류로 나뉜다.
마라톤 출발선에서 '탕!' 소리와 동시에 뛰기 시작하는 여자,
뛰어야 하나, 말아야 하나 고민하는 여자.
나는 어디에 서 있는 여자인가?

누군가의 엄마와 아내로 살면서도 나의 미래에 대해 끊임없이 고민하고 준비해온 여성이라면 마흔인 지금쯤, 꿈을 펼칠 출발점에 서 있을 테고, 그렇지 않은 여성이라면 혼란의 시기를 맞이했을 것이다.

나 역시 두 아이의 엄마로, 한 남자의 아내로 살면서 마흔을 코앞에 둔 대한민국의 평범한 아줌마다. 나는 아직 내 인생 최고의 순간은 오지 않았다고 생각한다. 비록 반짝반짝 빛나던 시절은 지났지만, 중년의 아우라를 내뿜으며 누구보다 치열하게 살고 있다.

인생을 봄, 여름, 가을, 겨울 사계절로 본다면 40대는 아직은 푸른 잎이 무성한 여름이 아닐까 싶다. 아직도 마음먹으면 무엇이든 시작할 수 있기 때문이다. 그러므로 낙엽이 지는 가을이 오기 전에 자기 자신을 마주해보는 게 어떨까?

나를 마주한다는 건 '지금의 내가 무엇을 원하는지, 무엇을 할 수 있는지, 무엇이 필요한지'를 계속 묻는 일이다. 이 과정을 반복하면 '지금 내가 하지 않고는 견딜 수 없는 일'이 생긴다.

더 미루다가는 아무것도 할 수 없을 것 같은 깨달음을 이 책을 읽는 분들과 느끼고 싶다. 지금 시작한다면, 절대 늦지 않는다.

chalkart

1

아직 마침표는 찍히지 않았다

꿈꾸는
여자로
업그레이드하라

낼모레 마흔이 어때서

세계 일주를 하며 그 경험을 책으로 출간한 2명의 60대 여성이 있다. 60대에 세계 일주도 놀라운데, 책으로 펴내기까지 하다니 얼마나 많은 고민의 시간이 있었을까.

누군가에겐 다리 힘이 없어서 못 하고, 영어가 안 돼서 못 하고, 이 나이에 그런 거해서 뭐하냐고 할 수 있는 세계 일주. 그러나 두 여성에게 세계 일주란, 남달리 건강하거나, 영어가 유창해서가 아니라 남은 인생에 무언가 더 보고 느끼기 위한 도전이었다.

한의사가 된 엄마

P는 나와 같은 대학을 졸업하고, 같은 직장에서 근무해 무척 친했다. P는 내가 퇴사하고도 몇 년 더 일하다가, 갑자기 한의사가 되겠다며 사표를 냈다. 30대 초반에 한의사에 도전하겠다며 돌쟁이 딸을 친정 부모님께 맡기고, 남편과는 주말 부부가 되어 부산에 있는 한의대에 입학원서를 낸 것이다.

사실 주변에는 그녀의 꿈을 응원하는 사람이 별로 없었다. "그걸 꼭 지금 해야 해? 잘 다니던 회사나 계속 다니지, 그 어려운 공부를 어떻게 하니?" 주변의 탐탁지 않은 시선에도 그녀는 보란 듯이 아기를 가진 몸으로 면접을 보았고, 아이를 출산하고 3년간을 치열하게 공부했다. 정말 아이 얼굴도 제대로 못 보며 악착같이 공부했다고 한다. 그러고 현재 그녀는 당당히 한의사가 되어 환자들을 진료하고 있다.

퇴사 7년 만에, 돌쟁이 아이가 유치원생이 되어서야 한의사의 꿈을 이룬 친구를 보며 절로 박수가 나왔다. P가 한의사 시험에 합격했다는 소식에 얼마나 기쁘던지.

30대이자, 한 아이의 엄마가 한의사의 꿈을 이루는 것이 얼마나 힘든지 알기에, 나는 그녀가 대견하고 자랑스러웠다. "버티다 보면 못할 게 없어."라고, 꿈을 이룬 친구가 내게 말하는 듯했다.

지금의 내가 미래를 만든다

내게는 아직도 도전하고 싶은 게 많다.

이 책을 내기로 마음먹었을 때는, 나 같은 워킹맘에게 소소한 위로가 되는 글을 쓰려고 했는데, 이왕 쓰는 거 창업을 준비하는 주부에게 도움이 되었으면 좋겠다 싶어 내 창업 경험과 노하우를 담았다.

책을 출간하면 여성들의 작은 창업을 지원하는 봉사도 하고 싶고, 지금 배우고 있는 줌바 댄스 강사 자격증을 따서 재능 기부도 하고 싶다. "그런 건 20, 30대에나 하는 거 아니야?"라고 물을 수 있겠다. 하지만 팔다리 잘 움직이고, 음악에 맞춰 춤출 수 있는 지금 늦은 건 없다. 어르신들에게 나는 젊은 40대 강사가 될 수 있으리라.

최근에 초크아트와 워킹맘을 주제로 한 유튜브 채널도 개설했다. 초크아트를 배우고 싶어 하는 모두에게 열려 있는 공간을 제공하기 위해서이다. 누구나 와서 즐겁게 배우고 이야기했으면 좋겠다. 그리고 언젠가 아들과 미국 여행을 하고 싶다. 이렇듯 나에게는 아직도 수많은 꿈이 있다.

지금의 내 도전과 노력이 미래를 만든다.

자기 계발서에 툭 하면 나오는 말일지 몰라도, 나는 그렇게 믿는다. 노력하다 보면 실패하고, 좌절하는 날도 있겠지만, 아무것도 하지 않는 것보다 낫다. 어떤 경험이든 부딪혀보면 깨달음을 얻을 것이다.

지금은 눈에 넣어도 안 아플 것 같은 아이들도 언젠가는 둥지를 떠나는 새처럼, 내 품을 떠난다. 그때를 허망해하지 말고, 잊고 있던 내 꿈을 찾아 더는 미루지 않았으면 한다.

내 가슴을 뛰게 하는 일, 내가 얼마나 쓸모 있는 사람인지를 보여주는 일에 망설이지 말자.

여자 나이 마흔,

아직 인생의 절반도 살지 못했고, 남은 생을 더 사랑할 수 있는 나이.

꿈꾸는 여자로 업그레이드할 수 있는 최적의 나이가 아닐까?

여보, 나 창업해볼까?

가장의 정년이 빨라지고, 청년도 취업하기 힘든 대한민국에서, 경력이 단절된 여성이 재취업하기란 하늘의 별 따기 같은 일이 되어버렸다. 그래서 주부들은 한 번쯤 이런 생각을 해본다. '나도 창업 한 번 해볼까?' 적은 돈이라도 안정적으로 벌고 싶은 것이다.

창업이라고 하면 우리나라에서는 대형 프랜차이즈 업종을 많이 떠올리는 것 같다. 커피 전문점, 치킨 가게, 편의점… 하지만 모두 최소 5천~1억 이상의 기본 투자금이 필요한 업종이며, 안타깝지만 프랜차이즈 본사의 갑질과 횡포로 쓴맛만 보고 사업을 접는 사람도 많다. 그리고 엄밀히 말해 프랜차이즈는 본사의 방침대로 운영하는 방식이므로 창업이 아니다.

창업은 말 그대로, 새로운 방식과 나만의 노하우로 제품을 판매하거나 서비스하는 것을 말하기 때문이다.

창업을 했다면 기본적으로 수익이 나야 한다. 고정 지출을 빼고도 직장인보다 벌이가 좋아야 계속 유지할 수 있다. 내 주변에는 안정적으로 수익을 내는 사람도 있고, 매출 곡선이 상하로 춤추는 사람도 있다. 가장 안타까운 경우는 매출 곡선이 올라올 줄 모르는 경우이다. 이럴 때는 누구나 '이대로 버텨야 하나, 접어야 하나.'를 고민한다.

벌이가 없으면 초조하고 불안해 사업에 대한 소신이 흔들리기 마련이다. 고정 지출인 임대료와 공과금, 관리비, 각종 세금은 수입에 상관없이 통장에서 빠져나간다. 드라마 〈미생〉의 "회사 안은 전쟁, 회사 밖은 지옥"이라는 대사처럼, 아직도 많은 창업자가 3년 내 사업을 접는다. 즉, 창업은 허황된 꿈만 가지고는 성공하기 어렵다.

더군다나 주부의 창업은 더욱 쉽지 않다. 현실적으로 육아와 살림이 병행되어야 하기 때문에 신중해야 한다. 주부 창업이라면 오픈과 동시에 대박을 바라기보다는 작더라도 '내가 하고 싶고, 가치를 담은 일'이면서 '가계에 보탬이 되는 일'이면 좋다.

간혹 남들 보기에 우아한 디저트 카페나, 커피 전문점, 꽃집, 공방 등을 운영하고 싶어 하는 사람도 있다. 내 수강생 중에도 그림에 특별한 감각이나 마케팅 능력이 있어 보이지도 않는데, 막연히 공방을 운영해보고 싶어 배우는 분도 있다.

그러나 겉으로는 고상해보이는 공방도 며칠만 들여다보면 막노동 현장이라는 걸 알 수 있다. 가로세로 2×1m의 MDF 합판을 이리저리 옮겨가며 그림을 그려야 하고, 높은 사다리에 올라 후들거리는 다리에 힘줘가며 페인트칠을 해야 한다. 늘 독한 페인트와 래커 냄새를 맡으며, 청소 같은 허드렛일도 도맡아야 한다.

그러므로 창업을 하려면 해당 분야에 대해 철저히 조사하고, 분석해야 한다. 이상만 바라보고 시작했다가는 녹록치 않은 현실에 좌절하기 쉽다. 최소한 1년 이상 배우고, 2년 이상 실무 경험을 쌓으며 이 일이 내게 맞는지를 검토하자.

대한민국에서 주부로 살기

결혼 전에는 무엇이든 마음먹은 대로 할 수 있을 줄 알았다. 그러나 결혼의 현실은 호락호락하지 않았다. 결혼 3년 만에 두 아이

1. 아직 마침표는
찍히지 않았다

출산, 끝이 없는 육아와 살림. 게다가 밤늦게야 퇴근하는 남편은 내가 집에서 말도 안 통하는 아이와 얼마나 씨름했는지 알 턱이 없었다. 양가 경조사를 챙기는 것도 오로지 주부인 내 몫이었다.

그러나 분명히 주위에는 나처럼 아내로, 엄마로, 딸로, 며느리로 살면서도 당당하게 경제 활동을 하는 여자들이 있었다. 나는 그녀들을 보면서 어떻게 이 모든 역할을 해내면서 돈도 버는지, 부럽기도 하고 놀라기도 했다. 그녀들도 나와 같은 아이 딸린 주부일 텐데 말이다.

똑 소리 나게 사업하는 여성 CEO들,
그녀들 모두 우리 같은 주부이고 엄마다.

우리나라 맞벌이 인구는 40%를 넘어선지 오래다. 직장 생활을 꾸준히 해온 주부도 있고, 결혼 후 새롭게 사업을 하거나 프리랜서로 전향하는 주부도 있다.

나도 결혼한 지 1년 만인, 2011년에 공방을 오픈하고, 2019년 현재까지 1인 사업으로 이어오고 있다. 어떤 달은 천만 원 넘게 벌기도 하지만, 어떤 달은 월세 내기도 빠듯하다. 잘 버티고 있다는 표현이 더 어울릴지 모르겠다.

수강생이 없어서 폭염과 한파에도 주말마다 핸드메이드 마켓에 좌판을 깔았다. 그리고 평일에는 돌쟁이 아들을 데리고 카페거리에 명함을 돌렸다. 9년간 이렇게까지 할 수 있었던 이유는 돈을 벌겠다는 의지도 있었지만, 내가 즐기고 있는 사랑하는 일이었기 때문이다. 그래서 땀이 줄줄 흐르는 폭염 속에서도 생기 있는 모습을 잃지 않으려 했다.

아이러니하게도 몸은 힘들지만 아홉 살, 일곱 살 두 아이를 키우며 고군분투하는 지금이, 돈 걱정 없이 내 앞가림만 잘하면 되었던 20대보다 즐겁고 행복하다.

'창업 한 번 해볼까?'라는 마음이 있지만
챙겨야 할 남편과 아이가 있는 주부라면,
그렇지 않은 이들보다 훨씬 단단한 내공이 필요하다.
단단한 내공으로 시작한다면 폐업은 나와 상관없는 이야기이다.

40대, 엄마의 정체성 찾기

요즘의 40대를 '영 포티young forty'라고 한다. 그 어떤 시대의 40대보다 진보적 성향이 강하고, 타인의 영향을 받기보다 자기 삶의 질에 초점을 맞추는 경향이 있기 때문이다. 즉, '역사상 가장 젊은 40대'이다.

20대, 쉬지 않고 달려온 시간들

그래도 나는 마흔을 맞이하는 것이 두렵다. 사람들이 나이 드는 것의 아름다움에 대해, 천천히 가는 법, 내려놓는 법을 이야기하지만 나는 한 귀로 듣고 흘려버렸다. 4050세대에 발을 들여놓는다는 사실도 썩 반갑지 않다.

나의 20, 30대를 돌이켜보면, 어디를 보고 달리는지 몰라도 쉼 없이 달렸다. 대학에 입학하자 나는 내가 굉장히 주도적이고 자아가 강한 사람이라는 걸 깨달았다. 높은 경쟁률을 뚫고 연극영화과에 입학했지만, 적성이 맞지 않아 편입 시험을 위해 1년간 죽을 듯이 영어를 공부했다. 밥을 먹을 때도, 양치할 때도, 지하철 안에서도 영단어를 달달 외웠다.

누구보다 놀기를 좋아했음에도, 친구들이 술 마시자고 불러도 거절하고, 크리스마스이브나, 동네에서 불꽃놀이를 하는 날에도 도서관에 갔다. 2002년 월드컵 열풍에도 끄떡없이 공부했다.

그렇게 세종대학교 신문방송학과 편입에 성공했다. 내 학창시절 성적으로는 들어가기 힘든 학교라 만족했다.

졸업 후 내 첫 직장은 뮤지컬과 연극 공연기획사였다. 마케팅 부서여서 영업과 홍보도 하고, 대학로에 공연 포스터를 돌리거나, 붙이는 작업도 마다하지 않았다. 불법적인 일이어서 경찰서에 불려간 적도 있었다. 같이 입사한 동기는 벽에 포스터나 붙이려고 선택한 일이 아니라며 회사를 나가버렸지만, 나는 생각이 달랐다.

내 모든 경험에 버릴 것은 없으리라 믿으며, 더욱 열심히 기업과 유치원, 학원 등에 공연 홍보물을 돌렸다. 되는 데까지 해보자는 오기가 발동했던 것일까?

당시에는 핸드폰에 내비게이션도 없던 때라, 지도에 빨간 동그라미를 치며 길을 찾곤 했다. 그렇게 열심히 홍보해서 단체 관람객을 모은 일도 있었다. 회사 사람들은 나를 보험회사의 실적 왕처럼 대접해주었다.

그렇게 2년간 회사에 다니다가, 온미디어 그룹현 CJ 계열으로 이직했다. 일단 공연기획사보다 몸이 편했다. 목에 사원증을 걸고, 하이힐에 짧은 치마를 입고 사무실에 앉아 제안서를 쓰고 회의를 했다.

그러나 지금 생각해보면, 회사에서 허투루 보낸 시간도 꽤 있던 것 같다. 2년을 일했지만, 결과적으로 내 활동적인 성향과 맞지 않았다. 몸이 근질거렸고, 나는 내 에너지를 쏟아부을 다른 일을 찾기로 했다.

그래서 찾은 일이 '초크아트'였다. 다행히 회사 근처에 공방이 있어서 바로 수강을 신청했고, 자연스럽게 초크 아티스트의 꿈을 키워나갔다.

30대, 가장 나답게 살아온 시간들

그렇게 20대를 보내고 나는 더욱 치열한 30대를 맞이했다. 10대에는 부모님 아래에서 보호받으며 살았고, 20대에는 '남의 일' 해주고 급여를 받는 볼트와 너트 같은 직장 생활을 했다. 내 정체성을 찾을 겨를이 없었다. 그때그때의 목표는 있었기에 열심히 뛰었지만, 내 인생 전체를 기획해보지는 않았다. 제대로 된 이정표가 없었던 걸까?

오히려 30대에 들어서 가정을 돌보고, 두 아이를 키우고, 내 사업을 하며 가장 나답게 살고 있다. 가장 치열하고, 가장 열정적인 시기가 바로 지금이다.

누군가 나처럼 40대의 문턱에서 우울해하고 있다면, 지나온 20, 30대를 돌이켜보면 좋겠다. 남이 인정하든 아니든, 우리는 인생에서 가장 소중한 것들을 이뤄냈다. 눈에 넣어도 안 아플 아이를 낳아서 어깨를 주무를 줄 아는 기특한 아이로 길렀고, 15평으로 시작한 신혼집을 25평으로 넓혔다. 또 주변에 요리 레시피를 알려주기도 하는 프로 주부가 되었다. 그러니 우리의 과거는 허망하지 않다. 비록 나를 잠시 내려놓고 살았지만, 나 자신을 믿는 마음은 앞으로의 인생에 밑거름이 되어줄 것이다.

40대부터가 시작이다.

나의 정체성을 찾고, 본격적으로 시작할 나이.

20대에는 그 자체로 빛나던 시기였다면,

30대에는 가장 나답게 살아온 시간이었다.

40대야말로 날개를 펼칠 시기이다.

마흔앓이, 몸 따라 마음도 아프다

매일 거울을 보면 달라진 것도 없는데, 어쩌다 무표정하게 사진이 찍힐 때면 마흔에 가까운 아줌마의 모습이 정직하게 드러난다. 하나둘 생기는 흰머리, 보기 싫은 팔자주름, 미간 주름, 눈가 주름… 번데기도 아닌데, 주름이 왜 이렇게 많은 걸까. 조금이라도 젊어 보이고 싶고, 아줌마 소리가 듣기 싫어 애쓰는 순간, 마흔앓이의 궤도에 들어선 것 같다.

작년에 25년 지기 친구와 함께 건강검진을 받았다. 20대에는 귀찮게 여겨졌던 건강검진이, 이제는 뭐라도 하나 발견될까 불안

했다. 검진 결과 친구는 자궁경부암 초기였고, 나는 유방에서 물혹이 발견되었다. 친구는 다행히 초기라 수술을 받고 잘 회복했으며, 나는 악성은 아니어서 더 지켜보기로 했다.

두 아이를 낳고, 마흔쯤 되니 몸의 변화가 느껴진다. 겨울에는 혈액 순환이 잘 안되어 손발이 저리고, 한 번 감기에 걸리면 약을 먹어도 잘 낫지 않는다. 몸이 늙으면 마음도 늙는다고 한다. 우울증, 불면증, 신경성 질환… 심리적 노화가 느껴지기도 한다.

그러나 노화는 자연스러운 것이다. 막을 수 있는 일이 아니니 노화에 대해 인정하고 대처하는 것이 현명하다.

아프지 않고 40대를 즐기려면

나름대로 체력을 유지하기 위해 노력하고 있다. 신나는 음악에 맞춰 몸을 흔들고, 땀을 흘린다. 규칙적인 습관과 근력을 키우려고 시작한 복싱 피트니스는 올해로 3년째이다. 늙어서 아프지 않으려면 근육도 만들어야 하고, 육아와 일을 지속하려면 체력도 좋아야 한다. 20대에는 다이어트를 위해 운동했는데, 이제는 살기 위한 몸부림이자 진정한 건강을 위해 운동하고 있다.

규칙적으로 운동하면 긍정적인 기운이 샘솟는다. 운동하면서

만난 사람들 대부분이 목표가 뚜렷하고, 부지런하며, 활력이 넘쳤다. 그들과 땀 흘리는 시간은 이제 내 일과 중 가장 귀한 시간이 되었다.

사회적으로 성공한 사람은 건강을 유지하기 위해 끊임없이 노력한다. 새벽에 일어나 건강 음료를 마시고, 스포츠센터에서 트레드밀을 뛰거나, 공원에서 조깅을 한다. 그리고 자신감 있는 눈빛과 목소리를 가지고 있으며, 마음에 여유가 넘친다. 모두 내가 본받고 싶은 모습이다. 열심히 벌어서 부자가 된들, 아프면 소용없다.

행복하게 40대를 보내려면, 나를 춤추게 하는 무언가를 찾아야 한다. 그것은 운동이나 여행, 일이나 취미일 수 있다. 내가 무엇을 할 때 활력이 생기고, 신이 나는지 살펴보자. 인생의 전환점이 될 수 있다.

주름이 늘고, 아프기 시작하고, 아줌마라 불리지만 이 모든 것이 내가 잘 살아왔다는 증거이고, 작품이다.

밤이
길어도
아침은 온다

나는 왜 공부하고 취업했나?

"오늘도 선생님 말씀 잘 듣고, 친구들이랑 사이좋게 놀아." 곱게 화장을 하고, 하이힐을 신은 여자가 아이에게 인사하고 바쁘게 출근한다. 옷맵시는 꽤 세련되었고, 멋진 가방을 들고 있다. 기분 좋은 향수 냄새가 풍긴다. 아침에 일어나 아이들을 먹이고, 입히고, 씻기는 데에 온 힘을 쏟아붓고 헐레벌떡 나온 나와, 그녀는 다른 존재일까?

외형적으로 다른 점을 찾아보자면, 부스스한 머리를 감추기 위해 모자를 눌러쓰고, 트레이닝복 차림에 슬리퍼를 신고 나온 게 다를지 모르겠다.

하지만 워킹맘과 전업주부는 동지이다. 분명 워킹맘도 아침에 블라우스 소매를 걷어붙인 채 아이의 대소변을 닦아주고, 아이가 흘린 우유도 닦으며 고군분투했을 것이다.

유치원 앞에서 만난 엄마들과 커피 한잔하고, 수다 떨며 한두 시간 보내고, 집에 들어가면 아침 먹은 설거지부터 청소, 장난감 정리, 산더미 같은 빨래… 잠깐 숨 돌리면 금세 아이 하원 시간. 아침에 봤던 하이힐 신은 엄마는 지금쯤 무엇을 하고 있을까?

요즘 청년들은 취업 대신 아르바이트를 선택하거나, 독신이나 딩크족으로 여유 있게 살기도 한다. 하지만 보통은 대학을 졸업하고, 사회생활을 시작한 다음 서른 전후로 배우자를 만나 결혼하고, 아이를 낳는다. 우리가 살아가는 모습이 대체로 이러하며, 이런 삶을 가장 평범하고 평온한 삶으로 생각한다. 하지만 남녀 모두가 만족하는 삶일까?

사회 구성원으로 내 일을 하며 당당히 살던 여성 중에는 결혼과 출산 후 완전히 다른 삶을 살기도 한다. 어디서 배워보지도 못하고 실전에 들어가는 출산과 곧바로 이어지는 초보 엄마로서의 삶, 그리고 집안일까지. 이렇게 집 안에서 아무도 알아주지 않는 전쟁을 치르다보면 자괴감이 들기도 한다. 물론, 누가 시킨 게 아니라 스스로 선택한 삶이라는 걸 잘 알고 있다.

하지만 문제는 이렇게 허둥지둥 사는 동안, 사회에 다시 나가고 싶어도 못 나가는 힘든 상황을 맞이하는 '경단녀경력 단절 여성'가 된다는 것이다.

"

나 안 놀았다, 살림이 뭔 줄 알아?

80세까지 산다 치면 나 이제 겨우 절반 왔는데…

"

- 〈로맨스는 별책부록〉 중에서 -

시대가 변해도 육아는 여전히 엄마의 몫이고, 자의 반 타의 반으로 하던 일과 꿈을 내려놓은 여자는 누군가의 아내와 엄마로 살게 된다. 종일 육아와 집안일에 힘을 쏟고 나면, 정작 나만을 위한 시간은 사라지고 없다. 이 과정에서 여성은 정체성이 흔들리고, 나답게 사는 건 다른 나라 이야기처럼 되고 만다.

예쁘게 화장을 하고, 하이힐 신고 출근해서 회의록을 작성하던 최 대리, 김 과장, 박 팀장은 이제, 정신없고 육체노동뿐인 집안일을 하며 내 이름을 불러주는 건 택배기사뿐인 일상을 산다. 내가 이러려고 힘들게 공부하고 취직해서 아등바등 살아왔나?

물론 모두가 나처럼 하고 싶은 일을 업으로 삼으며 살지는 않는다. 정답이 아니라는 것도 안다.

하지만 가슴 속에 '나를 설레게 하는 일에 대한 꿈과 열정'이 있는 주부라면, 나처럼 사는 여자도 있다는 것, 이렇게 고군분투하며 살아도 꿈이 있기에 일과 육아 사이에서도 행복하다는 것을 이야기하고 싶다.

경력 단절은 끝이 아닌 휴식

9회 말 투아웃. '야구는 끝날 때까지 끝난 게 아니다'라는 말이 있다. 9회 말에 투아웃 상황까지의 계속되는 실패 앞에서, 모든 관중이 일어서려는 찰나에 터지는 담장을 넘기는 홈런 한 방. 그렇게 패했다고 생각한 경기는 역전으로 승리한다.

축구도 그렇다. 지리멸렬하게 끌어오던 승부여도 추가로 얻은 시간에 역전의 기회가 오기도 한다. 이런 스포츠 경기를 볼 때마다 나는 희열을 느끼고, 가끔은 눈물이 난다.

경력 단절을 이야기하다가, 역전의 순간을 이야기한 이유는 실패했다고 생각한 순간에 판을 뒤집은 주부들의 드라마틱한 재기를 이야기하기 위해서이다.

끊임없이 경기를 뛰어도 특별한 결과나 성과물이 없을 수 있다. 직장에서 허드렛일만 하다가 결혼한 여성도 있고, 대학원까지 졸업했는데도 딱히 마음에 드는 직장을 구하지 못한 채 결혼한 여성도 있다. 그러나 숨겨진 재능을 결혼 후에 발휘하는 여성도 많다.

하이라이트는 후반전에 있다

인생의 후반전. 야구와 축구도 끝까지 가봐야 결과를 알 수 있듯, 인생도 20, 30대만 겪어보고는 결과를 알 수 없다. 그러므로 결혼과 출산, 육아로 인한 경력 단절은 끝이 아니다. 포기하지 말자. 내가 어디에 서 있는지 알고, 삶의 목적과 방향만 잊지 않는다면 반드시 다시 뛸 수 있다. 경력 단절은 끝이 아닌 휴식이어야 한다.

우리나라가 세계 최강의 축구 군단인 독일을 꺾은 일이 있다. 이에 영국 최고의 스트라이커이자 축구해설가인 게리 리네커는 SNS에 이렇게 말했다.

"축구는 간단한 경기이다. 90분간 22명의 선수가 공을 쫓다가 독일이 이기는 게임이다." 그러나 피파 랭킹 1위의 독일을 한국이 이기자, 그는 SNS를 이렇게 수정했다.

"

축구는 간단한 경기이다.
90분간 22명의 선수가 공을 쫓고,
더는 독일만이 승리하지 않는다.

"

여자가 다시 일하고 싶은 진짜 이유

사회에서는 경제 활동을 접고 살림과 육아를 하는 여성을 단순하게 '경단녀'로 구분 짓는다. 그렇다면 경력이 단절된 여성들이 다시 일하고 싶은 진짜 이유는 무엇일까? 《여성능력개발원 보고(2013)》에 의하면 서울시 전업주부의 85%가 다시 일하기를 원하며, 이 중 실제로 일하고 있는 주부는 10명 중 2~3명밖에 되지 않는다고 한다. 일하는 주부 중, 당장 생활비를 벌어야 하는 경우도 있고, 지금껏 쌓은 커리어가 아까워 다시 일하는 경우도 있다. 또 경력이 단절된 후 새로운 분야에 도전하기도 한다. 시작의 이유는 모두 다르지만, 다시 일함으로써 여성은 변화하고 성장한다.

돈, 자존감, 꿈, 행복

사회생활을 활발히 하던 여성이 집에서 육아와 가사만 할 경우 자신감을 잃고, 사회에서 도태되는 기분을 느낄 수 있다. 나도 출산 직전까지 일하다가 출산 후 몸조리 기간에 우울함을 맛보았다. 누가 아이만 봐주면 당장이라도 밖에 나가 사람들을 만나고, 일하고 싶었다. 일과 육아를 병행하는 건 체력적으로나 정신적으로 고된 노동이지만, 분명 얻는 것도 있다.

물질적 보상, 즉 돈은 일하는 사람에게 가장 중요하다. 가사와 육아는 아무리 열심히 해도 누가 보상해주지 않는다. 어느 광고 문구처럼 '이력서에 한 줄 넣을 수도 없는 주부 경력'을 쌓고 있는 것이다.

아이를 낳고 키우는 일을 가장 가치 있는 일이라고 하지만, 현실은 그렇지 않다. 스펙 좋고, 높은 연봉을 받던 여성도 일을 놓고 집안일과 육아만 하면 아무도 그 가치를 알아주지 않는다. 오히려 사회 경험 없이 가정에서 화초처럼 살던 여성이 살림에 힘써 인정받는 것도 보았다.

사회생활을 해본 적 없이 대학을 졸업한 후 바로 결혼한 옆집 엄마와, 대기업에서 승승장구해 인정받던 아랫집 엄마는 그냥 똑같은 동네 엄마가 된다.

더는 미루지말자

모든 인간에게는 자아실현의 본능이 있다. 잠재된 자신의 능력을 발견하고, 타인에게 인정받고, 보상받으며 성취감을 느끼고자 하는 마음이다.

경력이 단절된 주부의 자아실현 본능을 채울 수 있는 근본적인 방법은 '나에 대해 끊임없이 관찰하고, 무언가를 시작하는 것'이다. 아이의 성적이 좋을 때, 남편이 승진했을 때, 근사한 곳에서 식사하고 SNS에 올릴 때 느끼는 행복은 사실 주부 자신의 성취감과는 무관하다.

시작이 힘들다. 그럴만한 겨를이 없다는 이유로 미루기만 하면 기회마저 놓칠 수 있다. 타인에 의해서가 아닌, 나를 위해 선택한 복직이나 제2의 직업을 찾으며 그 안에서 나를 발견하는 것만큼 자부심을 느낄 수 있는 일이 없다. 소소한 취미를 가져보거나, 평소 배우고 싶은 것을 배우거나, 다시 이력서를 쓰거나. 이 모든 것이 주부가 자아실현을 할 수 있는 일이다.

내 처지는 걸림돌이 아닌 디딤돌

내게 초크아트를 배우는 60대의 수강생이 있었다. 엄마와 동년배여서 내게는 인생 선배 같았으며, 늘 배움 앞에 겸손하고, 열정적인 분이었다. 지금껏 배운 공예를 가르칠 수 있는 멀티 공방을 여는 것이 생애 마지막 목표라고 하셨다. 그러던 어느 날, 우연히 둘이 공방에 남아 사업 이야기를 하게 되었다.

“공방을 오픈하자마자 아이가 생겼어요. 그래도 출산과 몸조리 기간을 거치면서도 일을 놓지 않았어요. 그러다 2년 뒤에 또 둘째가 생기다보니 사업의 성장 속도가 더딘 것 같아요. 제가 아이를 안 낳고 일만 했으면 지금보다 더 많이 이뤘을 텐데 아쉬워요." 그러자 그분은 이렇게 말씀하셨다.

"아니에요, 선생님.
아이들이 있어서 이만큼 버티고 해온 거예요."

이 말을 듣고 머릿속이 재부팅되는 느낌이었다. 결혼 후에 사업을 시작하고, 아이 둘을 키우며 동해 번쩍, 서해 번쩍 정신없이 살아온 내가, 내 힘으로는 해결되지 않는 일을 만났을 때 가정까지 돌본다는 핑계로 투덜댄 건 아닌가 싶었다. 인정하기 싫지만 그랬던 것 같다. 그래서 알았다.

'아, 지금의 내 처지는 걸림돌이 아니라 디딤돌이었구나.'

솔직해질 필요가 있다

결혼과 출산 때문에 꿈을 접었다는 여성이 많다. 하지만 정말 꿈이 있기는 했는지 자신에게 물어보자.

잘 나가던 전문직 여성 중에도 임신과 출산을 거치며 도저히 상황이 안 되어서 꿈을 잠시 접는 경우가 있다. 이런 경우, 집에만 있으면 가사와 육아에 치여 허전하기도 하고, 후배들이 승진해서 잘나가는 걸 보면 가슴이 부글거리기도 한다.

이런 사람이라면 그 열정과 욕심을 품고 살면 된다. 지금은 엄마의 손이 필요한 아이들에게 가장 좋은 엄마가 되어주었다가, 새로운 일에 대한 기회가 왔을 때 잡으면 된다.

하지만 일을 그만두는 이유가 '그냥 일하기 싫어서'가 아니었는지 솔직해질 필요가 있다. 설령 사실이어도 부끄러워할 필요 없다. 오히려 결혼하고 나서 꿈을 갖는 여성도 많다. 아이도 어느 정도 키워놨고, 남편도 응원해준다면 이보다 좋은 조건이 없다. 오히려 결혼 후가 꿈을 갖고 이룰 수 있는 좋은 타이밍일 수 있다. 가족을 빛나게 하는 건 여성이다. 남편과 아이에게 어떤 모습을 보이고 싶은지 깊이 고민해보자.

토끼의 속도보다 거북이의 방향

토끼와 거북이가 달리기 시합을 한다. 속도에서 절대 거북이에게 뒤지지 않는 토끼는 자만하며, 껑충껑충 뛰어 앞서가다가 시원한 나무 그늘에서 잠이 든다. 그사이 거북이는 쉬지 않고 결승선을 향해 달려 결국 이긴다. 우리가 아는 이솝우화 《토끼와 거북이》 이야기이다. 물론, 애초에 둘의 경쟁은 무의미하다. 각각 자신이 사는 환경에 맞게 태어난 것이므로 속도로 경쟁하는 것은 의미가 없으며, 토끼가 빠르다고 자만할 이유도, 거북이가 느리다고 단점이 될 리도 없다.

하지만 나는 거북이가 방향성을 가지고, 목표를 위해 우직하게 나아가는 점이 마음에 든다. 아무리 빨라도 원하는 목적지가 아니면 의미가 없다. 천천히 가더라도 거북이처럼 목표가 정확하고, 끈기가 있으면 된다.

요즘 사람들은 하루에도 몇 번씩 SNS를 확인하는 것 같다. 타인이 올린 맛있는 음식 사진, 여행 사진, 명품 액세서리 사진 등을 보며 '나 빼고 다 잘 사는구나.'라며 상대적 박탈감을 느낀다. 하지만 타인의 삶을 내 삶과 비교하며 귀한 시간을 허비하지 않았으면 좋겠다. 그 시간에 나를 가꾸고, 조금 더 행복할 수 있는 일을 찾았으면 한다.

토끼는 거북이와 본인을 비교해 자만하다가 졌다. 하지만 거북이는 토끼가 아닌 자신과 싸워 이겼다. 목표만을 향해 천천히 걸어 나간 것이다. 그러니 지금 빠르다고 해서 우쭐하거나, 조금 뒤처졌다고 좌절하지 말자. 거북이도 경쟁 상대를 토끼로 생각했다면, 잠자는 토끼를 조금 앞질러놓고 한눈을 팔거나 잠을 잤을 수도 있지 않은가.

타인의 시선을 의식하기보다 그냥 나답게 살자.
딸로, 엄마로, 아내로, 나로 살면서 존재의 가치를 빛낼 무언가에
투자하고 노력한다면 꿈에 성큼 다가가 있을 것이다.

아끼다 엿 됐다. 내 인생

몇 해 전 드라마 〈디어 마이 프렌즈〉를 재미있게 보았다. 내로라하는 국민 배우들이 출연해 '황혼 청춘'을 외치는, 노년의 삶을 그린 드라마이다.

장난희고두심 분는 그동안 엄마와 자식만 바라보고 쉼 없이 살아온 자신이 간암에 걸렸다는 사실에 절망한다. 투사처럼 강했던 그녀는 딸에게 간암 사실을 알리며 살고 싶다고 아이처럼 운다. 그런 엄마를 지켜보는 자식의 마음은 어떨까?

우리나라는 강하고 위대한 엄마의 모습을 원한다. 어린이집에 아이를 보낸 뒤, 어쩌다 쇼핑이라도 하면 괜히 엄마 노릇은 뒷전처럼 보일 것 같고, 나를 위해 미용실에라도 다녀오면 아이보다 외모 가꾸기에 치중하는 엄마처럼 보일까 걱정인 것은, 이 사회가 정해놓은 '엄마다운 엄마'의 틀 때문이다.

"

진짜 아끼다 엿 됐다. 내 인생…

지고지순, 현모양처, 효녀 딸, 강한 엄마 흉내 내다…

아우, 엿 같다.

"

- 〈디어 마이 프렌즈〉 중에서 -

엄마답게 산다는 건 무엇일까? 우리 부모님 세대, 즉 1940~1950년대에 태어난 분들만 해도 결혼해서 자식을 낳으면, 자식에게 헌신적으로 사랑을 베풀며 살았다. 자신은 싸구려 옷을 입을지언정, 자식에게는 브랜드 옷을 사 입히고, 식당에서 설거지하면서도 자식을 유학 보냈다.

아버지도 마찬가지다. 지금도 원룸에 혼자 살며 기러기 아빠를 자처하는 집도 많다. 이런 부모가 좋은 부모일까?

자신에게 투자하는 데는 인색하면서, 자식에게 투자하는 건 아깝지 않아하면, 나중에 인생의 공허함을 자식으로 채우고 싶어 한다. 자식을 수단으로 생각하는 건 옳지 않다. 과연 내 욕망과 행복을 포기하면서까지 사회적으로 합의된 좋은 부모 노릇을 하고 있는 건 아닌지 생각해볼 일이다.

'대한민국 상위 0.1%의 사교육'을 소재로 시청률을 장악했던 드라마 〈스카이 캐슬〉도 빼놓을 수 없다. 예서 엄마[염정아 분]와 쌍둥이 아빠[김병철 분]는 '자식의 성공'을 나의 성공이라 여기며, 자식을 자신의 욕망을 채워줄 도구로 생각했다.

자식을 사랑하는 방법은 여러 가지이다. 하지만 예서 엄마와 쌍둥이 아빠처럼 자신의 결핍에 근거한 욕망과 집착으로 자식을 키운다면, 결국 자식에게 독이 되는 부모로 남을 것이다.

여자는 티백과 같다

"여자는 티백과 같다." 여성의 인권과 사회 보장을 위해 일한 미국의 사회운동가 일리너 루즈벨트가 한 말이다. 그녀는 루즈벨트 대통령의 아내이자, 미국의 퍼스트레이디이기도 하다. 그리고 그녀는 성공한 남자 뒤에는 헌신적인 3명의 여자가 있다고 했다.

첫째, 성공한 남자의 어머니

둘째, 성공한 남자의 아내

셋째, 성공한 남자의 애인

성공한 남자의 어머니는 아들의 출세를 위해 헌신하고, 아내는 내조와 함께 그의 자식을 키운다. 그리고 애인은 그를 헌신적으로 사랑한다. 반면, 성공한 여자의 뒤에는 출세를 막는 3명의 사람이 있다.

첫째, 성공한 여자의 어머니

둘째, 성공한 여자의 남편

셋째, 성공한 여자의 자식

슬프게도 옛날의 어머니들은 아들의 출세를 위해 딸을 희생시켰으며, 남편은 아내의 성공을 달가워하지 않았다. 그리고 여러 문제로 골치 아프게 하면서, 엄마가 하고자 하는 걸 못하게 하는 자식들! 그러나 재미있는 사실은, 성공한 여성은 출세를 막는 3명의 사람들 덕분에 성공했다는 것이다. 그들은 여성의 성공을 위해 담금질하는 존재들이기 때문이다.

출처 : 라이프코치 손현정 박사 강연

여자는 티백과 같다.

뜨거운 물속에서 차의 맛이 우러나듯이,

내가 가진 향을 가장 진하게 우려내기 위해서,

내가 가진 색을 가장 진하게 드러내기 위해서,

여자는 뜨거움을 참고 견딘다.

그녀를 뜨거운 물에 넣기 전까지는

그녀가 얼마나 강한지 아무도 모른다.

chalkart

2

아이가 잠든 10시,
엄마의 꿈이 펼쳐진다

엄마가
꿈꾸면
아이도 꿈꾼다

엄마 호주 다녀올게

초크아트를 배울 때는 내가 사업까지 하리라고는 생각지 않았다. 그러나 배울수록 초크아트의 매력에 빠져들며 사업적인 확신이 생겼다. 그러다 내 초크아트 사랑은 곧 7개월의 큰아들을 두고 3주 간 호주로 떠나게 했다. 이미 초크아트 전문가 과정을 마치고 공방까지 운영하고 있었지만, 호주에 있는 모니크 선생님의 수업을 꼭 듣고 싶었다.

왕복 200만 원에 가까운 비행기 값, 400만 원이 훌쩍 넘는 수업료 그리고 생활비까지 하면 천만 원가량의 비용이 들었지만, 지금이 아니면 갈 수 없을 것 같았다. 그렇게 결국 큰아들을 시어머니께 맡기고, 더 큰 꿈을 위해 호주의 '모니크 캐논 초크아트 스쿨'에 등록했다.

여러 나라에서 모인 개성 강한 친구들과 자유롭게 수업을 듣는 과정은 흥분 그 자체였다. 또한 선생님의 디자인에 대한 감각과 자부심에 자극을 받았다. 이때 받은 수업은 내 교수법에도 큰 도움이 되었다.

비용, 출산과 육아 등의 현실에 치여 호주에 가지 않았더라면, 지금쯤 '그때 그냥 갔어야 했는데.'라며 후회하는 나날을 보내고 있지 않을까?

호주로 떠나기 전, 마음속으로 아이에게 이야기했다. “아가야. 너도 커야 하지만, 엄마도 같이 크면 안 될까? 엄마도 하고 싶은 게 많아. 도와주라.”

엄마의 성장과 발전을 위해 이기적인 엄마가 되어야 한다고 이야기해주는 멘토가 있다. 바로 김미경 원장이다. 나는 첫 아이를 낳자마자, 그녀의 《꿈이 있는 아내는 늙지 않는다》를 한 장 한 장 아껴 읽었다.

책 읽는 부모를 보아야 아이도 책을 읽는 것처럼, 꿈을 키우는 엄마를 보아야 아이도 꿈을 찾으리라 믿는다. 조금 이기적인 엄마여도 괜찮다.

아이의 장래에 대해 걱정하는 부모가 많다. 특히, 하고 싶은 일이 없다고 말하는 아이의 부모는 걱정이 이만저만이 아니다. 이런 부모에게 전문가들이 가장 많이 하는 말은 '아이를 믿고, 지켜보라는 것'이다. 하지만 나는 부모가 인생 선배가 되어 목표를 갖고 즐겁게 일하는 모습을 보여주는 것도 방법이라 생각한다.

공방을 운영하며, '이 짓을 계속해야 하나.' 하며 일을 놓고 싶은 순간이 많았다.

일거리가 없거나, 수강생이 없어서가 아니라, 내가 일하는 엄마여서 갖는 아이에 대한 죄책감 때문이었다. '아이에 대한 죄책감'은 누가 뭐라고 해도 일하는 엄마의 콤플렉스이다.

호주로 떠날 때에도, '내가 엄마 자격이 있나?' 스스로 물었다. 하지만 내 인생을 대신 살아줄 사람은 없다. 내 인생이라는 이야기에서, 주인공인 내가 빠지면 누구에게도 감동을 줄 수 없다. 그렇게 호주에 다녀와 나는 조금 더 성장하고 풍요로워졌다.

우리 엄마 정말 멋져요!

큰아들의 초등학교 1학년 겨울방학이 시작될 때였다. 가방에서 생활통지표를 꺼냈는데, 담임선생님의 소견 란에서 의미심장한 한 줄을 발견했다.

'부모의 직업을 자랑스럽게 여김'

유치원에 들어갈 때는 종일반 신청을, 초등학교에 입학할 때는 돌봄교실을 서둘러 신청하던 엄마였다. 간식도 잘 못 챙기고, 일찍부터 학원으로 돌렸다. 이런 엄마를 자랑스럽게 여긴다니 한없이 고마운 아들이다.

아이의 초등학교 입학 시기는 일하는 엄마들이 휴직과 퇴사를 가장 많이 하는 때이다. 챙겨야 할 게 많아 엄마가 초등학교에 입학하는 기분이라고들 한다. 하지만 나는 그때도 일을 줄이지 못해 밤늦게 퇴근하는 날이 많았다. 숙제가 많거나, 함께 챙겨야 할 준비물이 있는 날에는 잠깐씩 집에 다녀오긴 했지만, 여전히 부족한 엄마였다.

그러던 어느 날, 미술학원 원장님과 통화를 하다가 이런 이야기를 들었다. "진욱이가 엄마를 굉장히 자랑스러워해요. 밤마다 엄마가 그림을 그린다고 자주 자랑한답니다." 그 말에 나는 눈시울이 뜨거워졌다. 이렇게 일하는 엄마로 사는 동안, 감동적인 순간도 있다. 《엄마 반성문》의 저자 이유남 씨가 강연에서 한 말이 생각난다.

어리석은 부모는 자식을 자랑거리로 만들려 하고,
현명한 부모는 자식의 자랑거리가 되고자 한다.

PRIMIUM COFFEE
커피미학
SINCE 1998
핸드드립 커피 6,000원~
커피 4,500원~
더치커피
아포가또
커피미학 카스테라
더블토스트
Bakery
PRIMIUM COFFEE
珈琲美学
SINCE 1998
(-196℃로 즉석 제조)
질소 아이스크림 (유기농)
커피파르페
베리파르페
CLOSE 11:00 pm

공방은 나의 놀이터

"오늘은 일찍 퇴근하네?" 조금 일찍 공방을 닫는 날, 이웃이 물으면 "이제 집으로 출근해요."라고 우스갯소리를 한다. 하지만 정말로 나는 아침에는 공방으로 출근하고, 저녁에는 집으로 출근하는 기분이다.

워킹맘들은 아침이면 아이를 어린이집에 맡기고 일터로 나간다. 아이가 보채는 날은 발걸음이 무겁지만, 일단 출근하면, 일도 하고 동료와 세상 돌아가는 이야기도 하니 육아에서 잠시 벗어나 살 것 같다. 나도 하루 중 가장 평온할 때가 작은딸까지 유치원에 보내는 순간이다.

"연우야, 오늘도 즐겁게 지내고 이따가 만나자." 빠이빠이 한 후 운전석 시트에 앉는 순간에 그 어느 때보다 평온함을 느낀다. 그러면 나도 모르게 "오전 육아 끝. 자, 이제 가보자!"라고 중얼거린다.

스포츠센터에 들러 운동하고, 공방에 도착하면 오전 11시 반. 오늘 끝내야 할 메뉴판 시안 작업, 택배로 보낸 그림 발송 확인, 블로그 포스팅, 유튜브 영상 편집 등의 업무가 나를 기다리고 있다. 그리고 일을 해나갈 때마다 나는 조금씩 능동적인 사람이 된다.

놀이터에는 깔깔 웃는 아이만 있지 시무룩한 아이는 없다. 내게는 일터인 공방이 놀이터이다. 몸을 부지런히 움직여도 피곤하지 않다. 공방에 있는 시간은 내게 귀하고 행복한 시간이다.

엄마의 꿈이 펼쳐지는 시간

아이 키우는 부모가 가장 좋아하는 시간은? 바로 아이가 잠든 시간이다. 아이가 평소보다 일찍 잠들면 로또라도 맞은 기분이다. "여보! 잔다, 자."라고 속삭이며 서로 입가에 미소를 띠는 순간, 둘은 부부애가 아닌 동지애를 느낀다.

남편은 야근을 밥 먹듯이 하는 IT 업종이라, 저녁 집안일과 육아는 오로지 내 몫이다. 그래서 아이가 잠들면 나는 저녁내 하지 못한 집안일을 시작한다. 최대한 빨리 설거지하고, 물티슈로 대충 식탁을 닦고, 아이들이 가지고 놀던 장난감을 정리한 다음, 이젤 앞에 앉는다.

집안일을 끝내고 혼자 일할 수 있는 시간은 정말 소중하다. 이젤 앞에 앉아 컴퓨터로 좋아하는 노래를 틀고, 맥주 한 캔을 탁 뜯으면 그렇게 행복할 수가 없다.

나는 주로 떡볶이, 우동, 돈가스, 삼겹살 등을 그린다. 맛있는 음식을 그리다 보면 야식의 욕망 앞에 무릎 꿇고 새벽에 라면을 끓여 먹기도 하는데, 경험상 잠이 쏟아질 때 라면을 먹으면 잠이 확 달아난다. 그리고 나처럼 새벽에 밀린 일을 처리하며 사는 워킹맘 친구에게 새벽 시간을 이용해 메신저로 안부를 주고받기도 한다.

"자니?"

"아직 일하지. 넌 왜 안 자?"

"야, 그러다 아프다. 빨리 자."

"난 먼저 잔다. 내일 아이 어린이집 보내야 해서."

- am 3:00

아이 키우는 엄마는 밤 10시에 자든, 새벽 3시에 자든 다음날 똑같은 시간에 일어나 밥을 차리고, 아이들과 전쟁 같은 등원 준비를 해야 하는 사명이 있다.

요즘 직장인들은 일과 개인의 삶을 분리해 균형을 이루려는 '

워라밸'을 중요하게 여긴다. 직장에 다니는 사람이라면 일터와 휴식 공간이 분리되어 있고, 퇴근 후 개인적인 시간을 갖기가 수월하다.

하지만 개인 사업자는 조금 다르다. 사업하는 사람은 주말에도 일해야 하는 날이 많고, 어쩌다 평일에 쉬면 밀린 집안일을 하느라 하루가 모자란다. 하지만 다행인지 불행인지, 좋아하는 일을 직업으로 삼고 있는 나는 일이 삶이고, 삶이 일이다. 내 수면 시간을 줄여야만 일할 수 있는 일상, 나의 새벽이 아름다운 이유이다.

"

즐겁게 일하는 자는 세상이 천국이요,

의무적으로 일하는 자는 세상이 지옥이다.

"

- 레오나르도 다 빈치 -

세상에는
이런 엄마도
있습니다

그러니까 누가 밖에서 일하래?

아이를 낳기 전까진 자유롭게 일했다. 일이 많으면 밤늦게까지 작업하고, 주말에도 출근했다. 하지만 임신과 출산을 겪으며 상황이 달라졌다. 일단 내가 힘들었다. 변해가는 몸, 떨어지는 체력, 참아야 하는 것들…

그리고 제일 힘든 건 주변의 시선이었다. "임산부가 아이를 위해서라도 쉬어야지, 그렇게 일해도 돼?", "아이 엄마가 늦게까지 밖에 있으면 어떡해? 아이는 어쩌려고?"

정말로 나를 걱정해주는 사람도 있었지만, '저럴 거면 아이를 왜 낳았대?'라고 질책하듯 말하는 사람도 있었다. 그들의 묘한 눈빛과 말투는 내가 일을 사랑하는 데에 방해가 되었다. 나는 그럴 때마다 한 귀로 듣고, 한 귀로 흘리며 생각했다.

'그렇게 걱정되면 제 아이 좀 키워주실래요?
제 아이들은 잘 크고 있어요.'

나는 아이를 낳은 지 2개월 만에 공방에 시간제로 나가 일했다. 그래도 출산 직후라 산후풍이 걱정되긴 했다. 겨울이라, 베란다 문을 여는 것도 걱정, 지하 주차장을 드나드는 것도 두려웠다.

아이를 갓 낳고 집으로 왔을 때, 창밖으로 사람들을 구경했다. 모두 바쁜 듯 어디론가 향하는데, 나만 도태되고 바보가 되는 느낌이었다. 말도 안 통하고, 울기만 하는 아이와 종일 붙어 지내면서 때가 되면 젖을 먹이고, 기저귀를 갈고… 계속 아이를 안고 있어 팔과 손목이 쑤셨다. 5분이라도 더 자고 싶어 아이를 조금이라도 더 재우는 데 혈안이 되어 있었다. 하루 중 샤워하는 시간이 제일 행복했다. 뜨거운 물줄기가 나를 감싸면, 그게 가장 고급 마사지이고 위로였다. 유일하게 내가 나에게 집중할 수 있는 시간이었다.

친정엄마와 딸

본격적으로 다시 일을 시작하면서, 나도 양가 어머님께 아이 양육을 부탁해야 했다. 일주일 중 하루는 친정엄마가, 사흘은 시어머니가 아이를 돌봐주었다.

생후 백일 정도밖에 안 된 아이를 환갑이 넘은 두 분이 본다는 건 육체적으로 고된 일이었을 것이다. 그러나 시어머니는 힘든 내색 한 번 없이, 웃으며 나를 도와주셨다.

하지만 친정엄마는 사업하는 나를 달가워하지 않으셨다. 소홀한 살림, 사업에만 신경 쓰는 듯한 내 태도를 싫어하셨다. 엄마가 냉장고 안을 들여다보며 한숨이라도 쉬면 가슴이 쿵쾅거리고, 설거지라도 하면 등에서 레이저가 나오는 것 같았다.

손주는 예뻐하셨지만, 내가 양육에 조금이라도 부족한 모습을 보이거나, 일 때문에 힘들어하면 격려보다는 잔소리를 하셨다.

"그래, 누가 밖에서 일하래?"

"네가 얼마나 번다고 지금 애를 이렇게 키우니,

집에서 애 잘 키우는 게 돈 버는 거야!"

"네가 공무원도 아니고, 대기업에 다니는 것도 아니고!

작은 공방이지만 내가 하고 싶은 일을 하면서 꿈을 키우고 있는데, 내게는 가장 눈부신 직업인데. 엄마의 말 한마디 한마디가 야속했다.

그러나 한편으로는 나보다 좋은 학벌에 번듯한 직장에 다니는 친구들도 다 일을 그만두고 육아에 전념하는데, 이렇게 일을 붙잡고 버티는 게 맞는지 의심도 들었다. 더군다나 내 일은 친정엄마 말처럼 쉬었다가 언제든 다시 시작하면 될 일이었다.

어느 날은 핸드폰이 터져나갈 듯한 큰소리로 "너 그럴 거면 내가 월급줄 테니까 집에서 애 키워!"라는 친정엄마의 말에 나는 자존감이 무너져 내렸다. 물론 고생하는 딸을 보며 속상해서 한 소리라는 걸 모를 리 없었다. 내가 속상한 이유는 내가 아이를 키우며 일하는 것에 대해 스스로 '이게 맞는 것인가?' 끊임없이 의심했기 때문이리라.

'그래. 딸이 고생하는 게 싫으니까,

딸이 아프고, 힘든 게 싫으니까.

내 딸이니까 싫으셨겠지.'

딸은 엄마의 팔자를 닮는다는 속설이 있다. 우리 엄마는 본인의 젊은 시절처럼 내가 바깥일하며 고생하며 사는 게 싫었을 것이다. 둘째를 임신했을 때도 축하한다는 말보다 "그렇게 일할 거면서 둘째는 어떻게 키우게?"라는 말을 먼저 하신 친정엄마. 그런 친정엄마에게 꼭 전하고 싶은 말이 있다.

"엄마! 나는 20년간 일하는 엄마로 살아온 엄마가 있었기에
남들보다 더 많은 걸 배우고, 부족한 것 없이 성장했다고 생각해요.
그리고 그런 엄마의 청춘이 있었기에
저도 지금 대한민국에서 가장 행복한 워킹맘으로 살고 있어요.
워킹맘의 딸이 30년 후 워킹맘이 되어,
엄마의 젊은 시절을 조금 더 이해하게 되었어요. 고마워요, 엄마."

30년 전, 그녀도 워킹맘이었다

친정엄마는 나와 남동생을 낳고 20년을 워킹맘으로 사셨다. 엄마는 내가 아주 어릴 때, 작은 단칸방이 딸린 가게에서 장사를 시작하셨는데, 잠깐 사이에 내가 혼자 대로변까지 아장아장 걸어 나가기도 하고, 동생이 계단에서 구른 적도 있다고 한다.

엄마는 일곱 남매 중 장남인 아빠와 결혼해, 학생이었던 고모와 삼촌의 도시락을 싸주며 시집살이를 하셨다. 우리를 낳고도 시동생까지 돌보아야 했다. 그러고 보면, 우리 엄마도 대단한 것 같다. 엄마와 아빠는 정말 열심히 일해서 가게를 키웠고, 나와 동생은 언제부터인가 '이모'라고 부르는 분 손에서 초등학교 시절을 보냈다. 지금으로 치면 베이비시터인 셈이다.

그렇게 부모님은 밤이고 주말도 없이 땀 흘려 일하셨고, 내가 중학교에 다닐 때는 스포츠센터를 두 개나 운영할 만큼 사업을 확장하셨다. 어릴 때는 몰랐는데, 지금 생각해보면 어떻게 그렇게 일하면서 자식을 둘이나 키우셨을까 싶다.

언젠가 엄마에게 물은 적이 있다. "엄마, 어떻게 그렇게 돈을 모았어?" 그러자 엄마가 말했다. "남들 놀 때 다 놀면 돈 못 모아."

냉정하게 들렸지만, 사실이다. 엄마는 그렇게 살아오셨다. 가난한 집에서 자랐고, 결혼할 때 외할머니께 혼수를 받기는커녕, 집 장만에 보태시라고 목돈을 드리고 왔다고 한다. 그리고 우리를 키우면서 밤 10시까지 매장을 지키셨던 강한 엄마.

하지만 엄마는 나와 동생에게 추억도 많이 만들어주셨다. 피자를 직접 구워주고, 쉬는 날에는 여기저기 데리고 다니며 사진도 찍고, 앨범에 꼼꼼히 날짜와 에피소드를 적어두셨다. 그리고 학교에 갈 때는, 동네 꽃집에서 꽃을 몇 송이 사서 "선생님 꽃병에 꽂아드려라."라며 챙기기도 했다.

비슷한 나이였을 그때의 엄마와 지금의 나. 나는 엄마를 절대 따라갈 수 없다.

육아는 힘들다고 하면 안 되나요?

"애 키우는 게 이렇게 힘든 줄 몰랐다."라고 투정이라도 하면 꼭 "그래도 그런 소리 하는 거 아니야."라고 질타하는 사람이 있다. 우리나라는 육아를 힘들다고 말하는 걸 금기시하는 것 같다.

"공부하기 힘들다, 직장 생활 힘들다."라고는 잘만 이야기하는데, 유독 육아만큼은 힘들다고 하면 따가운 눈총을 받는다. 육아가 힘들지만, 그래도 축복이자 선물이고 "엄마여서 행복해요."라는 결론이 나야 뒷말이 없는 현실. 특히 "너 애 엄마 맞아?", "너는 애 엄마라는 사람이⋯."라는 말은 제일 듣기가 싫다.

육아 서적을 보면 '아이는 생후 36개월간은 엄마의 품에서 자라야 한다'라고들 한다. 아이를 낳은 지 2개월 만에 일을 다시 시작한 나에겐 뼈아픈 말이다. 아이 보랴, 일하랴 치열하게 하루하루를 사는 워킹맘들의 어깨를 축 처지게 하는 말이다. 정말 바른 인격과 인품을 가진 사람들의 어머니는 모두 전업주부였던 걸까?

엄마는 힘들다. 아이 둘도 키워보고, 일도 해봤지만, 밖에서 돈 버는 게 제일 쉽다. "아이 볼래, 일할래?"라고 물으면 "일할래요." 라고 답할 만큼, 육아는 힘들다.

자지러지게 우는 아이에게 젖을 물리고, 물 온도 맞춰 시간마다 분유를 먹이고, 다시 젖병을 씻어 말리고 소독하는 것도 힘들고, 툭 하면 토하고 뱉어내는 바람에 쌓인 빨랫감을 보면 한숨이 나온다. 아이가 돌 즈음이 되면 안 그래도 형편없는 요리 실력에 레시피 검색해가며 이유식을 만들어야 하고, 안 먹으면 '맛이 없나?' 싶어 다시 만들어도 본다. 그러다 문득 거울을 보면 이마에 기름기 줄줄 흐르는 초라한 여자가 나를 보고 있다.

나에게 육아가 가장 힘든 시기는 지났다. 아이들이 알아서 화장실 가고, 밥도 떠먹으니 말이다. 지금도 밤새 잠 못 자며 어린아이를 키우고 있을 엄마들에게 위로를 해주고 싶다.

"지금 많이 힘들겠지만 조금만 더 버텨 봐요.

아이가 배고프면 뭐라도 찾아서 먹는 날이 반드시 옵니다.

세상의 엄마들 파이팅!"

그저 나답게 육아하기로 했다

여성들은 엄마가 되는 순간부터 '좋은 엄마로서의 삶'을 살기 위해 노력한다. 오로지 나를 위해 살다가, 아이를 위해 사는 것으로 삶의 목적을 변화시킨다. 그래서 육아 서적을 읽고, 육아법 강의를 듣고, 온라인으로 갖가지 정보를 모으기도 한다.

하지만 이렇게 노력함에도 불구하고 실제 엄마로서의 모습은 서툴기만 하며, 잘하려고 애쓸수록 독이 되기도 한다. 엄마는 대충 끼니를 때우고, 무릎 나온 트레이닝복만 입으면서 아이에게는 유기농 반찬만 먹이고, 순면 100%의 옷을 입혀야 하는 걸까? 이런 일상이 반복되면 오히려 엄마의 자존감이 떨어져 '좋은 엄마로서의 삶'과는 멀어진다. 누구나 육아는 서툴다. 공부를 많이 한 사람도, 사회적으로 성공한 사람도 육아만큼은 헤매기 마련이다.

내 아이가 존재만으로 특별하듯, 엄마도 특별한 사람이 되면 좋겠다. 남들이 인정하는 좋은 엄마가 아닌, 나와 내 아이가 인정하는 좋은 엄마가 되자. 간혹 이유식, 장난감, 사교육 등 육아와 교육 전반의 정보를 인터넷으로 검색하면서 '나는 이렇게 못해주는데….'라며 자책감이 든다면 당장 인터넷을 끊으라고 하고 싶다. 그 엄마들도 수많은 시행착오를 겪고, 힘든 시기를 지나쳐온 엄마일 것이다. 이럴 시간에 내게 잘 맞는 육아법을 연구해보는 게 낫다.

이제는 인터넷을 검색하는 시간을 줄이고, 나를 멋진 엄마로 성장시키는 시간을 만들어보자. 나는 무언가 가르치고 고치기보다는 따뜻하게 안아주고, 격려해주는 육아를 선택했다. 실컷 안아주는 것만으로도 아이의 자존감이 올라가고, 나도 더욱 충만해진다.

나를 사랑하지 않으면 그 누구도 감싸 안을 수 없고,
나를 사랑할 줄 모르면 아이에게 사랑을 줄 수도 없다.

김밥 전문점 없었으면 어쩔 뻔

나는 어린이집과 유치원 소풍날이 되면, 동네 김밥 전문점이 문 열기가 무섭게 제일 먼저 김밥을 주문하는 엄마였다. 보통 8시에 문을 여니, 아이들이 잘 때 몰래 뛰어나와 사기도 하고, EBS 채널을 틀어놓고 후다닥 사 온 적도 있다.

부지런한 엄마들은 소풍 전날 재료들을 다 손질해두고, 새벽에 일어나 예쁘고 맛있는 김밥을 싸겠지만, 나는 상상만으로도 스트레스이다. 시도는 해보았는데, 결과물이 좋지도 않았다.

나는 사 온 김밥을 도시락통에 예쁘게 세팅한다. 김밥 위에 예

뻔 포크를 꽂아주거나, 소시지와 과일 같은 부재료를 넣는다. 내 목표는 '최대한 엄마가 싼 김밥처럼 보이기'이다. 아이들이 조금 더 크면 엄마의 처지를 이해하고 포장된 채로 보내기도 할 텐데, 아직 엄마가 만든 음식이 최고라고 믿는 어린 아이들이라 김밥 집 아주머니의 김밥으로 꼼수를 부린다.

소풍을 다녀온 아이들에게 김밥 맛있었냐고 물어보면, 다행히 아이들은 "응! 맛있었어."라고 대답한다. 이렇게 다음에도 마음 편히 '소풍 김밥 완전 범죄'를 꿈꾼다. 가끔 "그래도 엄마가 직접 싸주면 좋지!"라고 하는 친구도 있는데, 까짓거 엄마가 싸든, 김밥 아주머니가 싸든 아이들 크고 나면 뭐 그리 중요한가!

비록 꼼수를 부려 엄마표 김밥을 준비하지만, 워킹맘인 내게는 최적화된 육아이다. 육아의 기준을 아이에게 맞춘 게 아니라, 나의 가치에 맞춘 일이라 생각한다. 좋은 엄마가 되기 위해 애쓰기보다, 내가 왜 좋은 엄마가 되려는지 생각해본다면 엄마 노릇이 힘들지 만은 않을 것 같다.

소풍 날, 김밥 전문점에서 같은 반 엄마와 마주치면 민망하면서도 피식 웃음이 난다. 그렇게 육아는 엄마가 즐겁고 행복해야 한다.

chalkart

3

작은 창업으로 큰 꿈을 꾸다

초크아트로
1인
창업하기

큰며느리 사업 계획서

나는 직장 생활을 5년이나 했음에도 모은 돈이 별로 없는, 불성실한 직장인이었다. 월급이 들어오면 카드값을 내고, 사고 싶은 것을 샀다. 저축은 가끔 여윳돈이 생겼을 때나 하는 걸로 생각하며 20대를 보냈다.

그래서 막상 공방을 차리려고 하니 돈이 부족했다. 더군다나 계약하고 싶은 자리는 분당의 역세권이어서, 4층임에도 불구하고 보증금이 만만치 않았다. 권리금 500만 원 정도야 내가 낼 수 있었지만, 문제는 보증금 3천만 원이었다. 무슨 돈으로 보증금을 낼지 고심하기 시작했다.

내 돈으로 창업할 수 있으면 가장 좋다. 하지만 20대 후반, 또는 30대 초반에 처음 창업하는 사람들은 나처럼 대출이나 부모님께 손을 벌리는 경우가 대부분이다. 나는 얼굴에 철판을 깔고, '시아버지 대출'을 이용하기로 했다.

결혼 1년 차 며느리인 나는 되든 안 되든 부딪혀보자 싶었다. 우선, 인터넷 쇼핑몰도 아니고, 프랜차이즈도 아닌, '초크아트'라는 생소한 일을 소개하는 것부터 시작했다. 컴퓨터 앞에 앉아 파워포인트를 열고 〈큰며느리 사업 계획서〉를 만들기 시작했다.

'초크아트란 무엇인가, 초크아트 시장의 현재와 미래, 월수입 예상 표, 계획과 포부…' 열심히 만든 사업 계획서를 보신 시아버지는 아무 말씀도 안 하시고, 다음 날 내 통장에 보증금을 송금해 주셨다. 나와 남편은 깜짝 놀랐다. 넉넉한 집도 아니었고, 신혼이라 "무슨 사업을 한다고 그러니, 이제 아이 가질 생각해야지,"같은 말을 예상했는데, 어떤 의심이나 충고 없이 돈을 보태주셨다. 내 의지와 자신감은 더 확고해졌다. '정말 열심히 해서, 대출도 갚고 이자도 듬뿍 드려야지.'

야무진 내 계획과 달리 이자는 드리지 못했지만, 원금은 2년 만에 다 갚았다. 그리고 창문도 없이 답답했던 공간에서 벗어나 지금은 경기도 안양의 1층 로드 숍으로 이전해 사업을 확장했다.

내 사업의 첫 투자자인 시아버지는 2017년 암으로 돌아가셨다. 폐와 간, 귀 아래의 목까지 암세포가 전이되어 1년 정도 투병하시다가 손주가 입학하는 것도 보지 못하셨다.

큰며느리가 사업하면서 방송도 출연하고, 책도 출간해서 용돈도 듬뿍 드리고 싶었는데… 늘 손주 봐달라고 아쉬운 소리 하고, 좋아하시던 TV도 아이들 있을 때는 자제해달라고 부탁드리던 이기적인 며느리. 그게 나였다. 시아버지께 꼭 하고 싶은 이야기가 있다.

"아버님. 정말 감사했습니다.
용기 주신 덕분에 큰며느리 이만큼 잘하고 있어요.
밖에서 일한다고 남편과 아이들 소홀히 하지 않고,
열심히 살겠습니다."

돌잽이 아들과 영업하기

공방을 계약하고 본격적으로 수강생 교육을 계획하던 차에 찾아온 소식, 첫 아이 임신! 기쁘기도 했지만, 충격, 당황 그 자체였다. 사업도 잘하고 싶고, 아이도 키우고 싶은 욕심 많은 내게 온 첫 번째 과제인가 싶었다.

나는 임신 중에도 수강생을 받고, 3m나 되는 메뉴판 작업도 했다. 그리고 일이 없을 때는 차를 타고 카페거리를 다니며 홍보를 했다. 주변에서는 "그렇게 일하다 애 나오는 거 아니야? 지금은 몸부터 챙겨."라고 했지만, 배 속의 아이와 나는 손발이 척척 맞는 최고의 궁합을 자랑하듯 입덧 한번 없었다.

“엄마, 열심히 일해도 괜찮아요.”라고 배 속에 아이가 말하는 듯했다.

첫 아이를 출산하고 2개월 정도 몸조리한 후 슬슬 공방에 나와 다시 클래스를 열었다. 아이가 6개월이 되었을 즈음에는 아이를 카시트에 태우고 운전하며, 새로 오픈한 가게가 있으면 주저하지 않고 들어가 명함을 내밀었다.

물론, 아이가 보채기도 하고 도무지 울음을 그치지 않아 곤혹스러울 때도 있었지만, 발품 팔아 영업하는 일에 망설인 적은 없다. 그래서 그런지 큰아들은 최고의 친화력과 붙임성 있는 성격을 얻었다.

망해도 경험이야

창업할 때, 망할 각오하고 차리라는 말을 들어보았는가? 실패의 경험이 있어야 성공하리라는 법칙은 없지만, 나도 '망할 뻔'한 경험을 통해 사업을 성공적으로 이끌었다. 내 경험담을 읽고 현명히 대처한다면 실패 확률을 줄일 수 있을 것이다.

나도 '이 정도면 접는 게 낫겠다.' 싶은 적이 있었다. 남편조차 "월세 아낄 겸 잠깐 공방을 접고, 주문 들어오는 것만 집에서 작업하면 어때?"라고 물을 정도였다. 수강생도 없고, 그림 의뢰도 들어오지 않았다.

종일 공방에 앉아 누구와 대화하는 일 없이 일주일이 지나고, 보름이 지났다.

"주부는 집에 가만히 있는 게 돈 버는 거야!"
"이럴 거면 빨리 접는 게 나아. 월세라도 아껴야지."
주변 사람들의 말에 나는 절망했다.

어떻게 살아남을 것인가

2011년부터 본격적으로 사업자를 등록하고, 공방을 운영했다. 개인 사업자가 해야 할 일은 엄청났다. 스케줄을 짜고, 자잘한 소품을 직접 사고, 청소도 하고… 그게 무엇이든 미루지 않고 바로바로 하려고 노력했다. 하지만 혼자 하는 일이라 외롭고, 가끔 슬럼프에 빠지기도 했다. 그래서 '왜' 안 되는지 고민하고, 바쁠 때 신경 쓰지 못했던 일거리를 찾아 했다.

우선 홍보와 마케팅에 집중하기로 했다. 인터넷 커뮤니티에 '오픈 이벤트, 3주년 이벤트' 등을 기획해 반응도 보고, 체험 행사를 기획해 기업과 학교에 제안서도 보내고, 담당자를 만났다.

또 핸드메이드 프리마켓에 좌판을 깔고 체험 행사를 하며 공방을 알렸다. 하루 6시간 꼬박 서서 일하고, 밥 먹을 시간도 없었지만, 하루 일하면 15~50만 원 정도를 벌었다. 이렇게 해서라도 내 공방, 내 사업을 책임져야 했다. 폭염에 체험 행사를 하다가 집에 돌아와 몸이 불덩이가 되어 응급실에 간 아찔한 경험도 있다.

망하기 직전에 살고자 한 노력이 지금의 '위즈 초크아트'를 만들었다. 요즘에는 키워드광고나 홍보용 전단을 돌리지 않아도 일이 많이 들어온다. 개인 블로그와 SNS를 보고 찾아와 주시니 감사할 따름이다. 또 왕복 8시간의 부산에서도 초크아트를 배우러 오는 수강생이 있으니, 그때 버티길 참 잘했다는 생각이 든다. 몸 편한 일, 스트레스 없는 일을 찾으면서 미래가 보장되기를 바랄 수는 없다. 지금 당장 돈을 많이 벌지 못한다고 해서 그만둘 수도 없다.

힘든 상황을 얼마나 지혜롭게, 잘 견디고 버티느냐가 성공을 좌우한다.

'이 정도면 접는 게 낫겠다.' 싶은 순간에,
마음을 추스르고 내게 말했다.
"여기서 포기하면 패배자가 되는 거고,
버티면 승자가 되는 거다."

DRIP
ROAST

커피 산업과 함께 성장한 초크아트

"어디 가서 커피 한잔하자."라고 하면 우리는 커피 마실 곳을 30초 안에 찾을 수 있다. 그만큼 우리나라에는 카페가 많다. 우리나라의 카페 산업은 2005년 전후에 폭발적으로 성장해, 1인당 연간 커피 소비량이 2012년에 288잔, 2014년에 341잔으로 크게 늘었다.

지금은 프랜차이즈 외에 개인이 운영하는 아담한 카페도 많아졌으며, 커피의 향과 맛을 즐기기 위해 '카페 투어'를 할 정도로 커피를 사랑하는 사람이 많아졌다.

초크아트란?

검은색 페인트를 바른 나무판에 그림을 그려 '칠판의 매력'을 보여주는 예술, 초크아트. 우리나라에 초크아트가 대중적으로 알려지기 시작한 것은 초크아트가 카페의 메뉴판에 적극적으로 쓰이면서부터이다. 특히, 2007년 방영된 드라마 〈커피 프린스 1호점〉에 초크아트 메뉴판이 눈도장을 찍으며 이목이 쏠렸다.

2006~2010년 초창기 초크아트는 주로 카페를 운영하는 사람들에게 인기가 있었다. 따뜻한 느낌의 핸드메이드 글씨와 그림으로 카페의 분위기를 만들고 싶어 했기 때문이다. 즉, 초크아트는 커피 산업의 발달과 함께 발전했다고 볼 수 있다.

왜 초크아트로 창업했나

카페 창업은 여전히 인기 업종이다. 지금도 수없이 생기고, 생겼다가 없어져도 그 자리에 다시 카페가 들어선다. 그래서 내게 메뉴판 제작을 의뢰했던 카페가 없어지고, 그 자리에 새로 들어선 카페에서 다시 주문이 들어오기도 했다.

또, 이색적이고 빈티지한 메뉴판에 만족해서 2호점, 3호점을 내면서 계속 주문하는 분도 있다. 나는 클라이언트와 친근하게 지내는 편이다. 그러면 친구가 운영하는 매장, 가족이 운영하는 매장을 소개해주시기도 한다.

초창기 카페 메뉴판에 국한되어 있던 초크아트는 점차 레스토랑, 일식집, 분식집, 고깃집, 푸드 트럭 등 다양한 외식업종에서 사랑받고 있으며, 입간판과 벽화까지 영역이 넓어진 상태이다. 한마디로 감각 있는 점주라면 업종 관계없이, 초크아트로 매장을 인테리어 한다. 분당의 한 카페에는 내 그림만 7점이 들어가 있다.

창업하려는 사람은 요즘 트렌드가 무엇인지, 어떤 업종이 주목받는지 알아보며, 가장 돈을 잘 벌 수 있는 일, 그럼에도 불구하고 힘은 덜 드는 일을 고민한다. 직장에 사표까지 내고 나와 창업을 준비하는 사람이라면 더욱 신중할 수밖에 없다.

나는 운이 좋아 업종을 고민하기보다는 '지금 배우는 초크아트로 창업하자'라고 단번에 확신이 선 경우이다. 아마 나도 확실한 아이템이 없었다면, 오늘은 이게 좋겠다가도, 내일은 저게 좋겠다고 생각했을 것이다.

초크아트가 커피 산업의 성장과 함께했듯이, 아이템을 고민하는 사람이라면 동향이 좋은 산업과 함께 성장할 수 있는 아이템을 권하고 싶다.

드라마 〈응답하라〉시리즈로 복고 열풍이 불었던 몇 년 전에는 향수를 불러일으키는 아이템이 호황을 누렸다. 7080 클럽이 우후죽순 생기고, 20년 전에나 유행하던 패션 스타일이 유행하고, 실제 더플코트와 청청 패션, 오버롤 바지의 매출이 상승했다.

물론, 어떤 대중문화나 산업도 거품이 있기 마련이다. 하지만 문화의 흐름을 빠르게 읽고 시장과 연결하는 감각이 필요하다. 거품이 빠진다 해도 계속 살아남을 수 있는 차별적인 경쟁력을 갖추는 사람에게는 흔히 말하는 창업 재수, 창업 삼수도 없다.

제주도에서 시카고, 그리고 사이판으로!

어느 날, 드라마 촬영지로 유명한 제주도의 한 카페에서 메뉴판 작업 의뢰가 들어왔다. 하루에 수백 명이 다녀가고, 바다를 배경 삼아 인생 사진을 찍어가는 '봄날카페'라는 곳이었다.

'드디어 내 그림이 바다를 건너는구나!' 부푼 마음으로 검색하니, 바다와 어우러진 예쁜 돌담 정원이 있는 멋진 카페였다. 직접 가서 작업하면 좋을 것 같아 남편과 2박 3일 출장을 떠났다. 우선, 공항에서 절반 이상의 작업을 끝낸 커다란 MDF 합판을 수화물로 붙였다. 그리고 카페 근처에 게스트 하우스를 빌려 작업한 다음,

카페에서 마무리했다. 다행히 카페 사장님은 그림을 마음에 들어 하셨고, 마지막 하루는 남편과 데이트하며 보냈다.

내 그림이 쓸모 있다는 것, 그리고 좋아하는 일을 하며 돈을 번다는 건 행복하고 감사한 일이다. 블로그를 운영하는 사장님이 홍보해주신 덕에, 한 달에 한두 건씩 꾸준히 일도 들어왔다. 역시, 파워블로거의 위력이란!

시카고에서 사이판까지

얼마 후, 시카고에서도 메뉴판 의뢰가 들어왔다. 우리나라 사람이 운영하는 BBQ 매장이었다. '헉! 내 그림이 수출까지?' 감사한 마음으로 공방에서 메뉴판을 작업해 미국으로 보냈다.

작업이 끝나자 이번에는 휴양지로 유명한 사이판에서도 의뢰가 들어왔다. 현장에서 직접 그려야 하는 벽화라 그림 재료를 잔뜩 챙겨서 4박 5일 출장을 떠났다. 여행이 아닌, 작업을 위한 해외 출장이라 묘한 긴장감이 느껴지고 설레었다.

사람들이 내 그림을 보고 "예쁘다, 신기하다, 금 손이다."라고 하면 정말 감동스럽다. 사이판에서 높은 사다리에 올라가 그림을 그리는데, 한 외국인이 "베리 나이스!" 하며 웃었다.

그 순간, 사다리에서 중심을 잡느라 아팠던 허벅지도, 올려다 보느라 뻐근했던 뒷덜미도 더는 아프지 않았다. 이게 바로 칭찬도 고래를 춤추게 한다는 칭찬의 힘? 작업 후 반나절 정도 바다를 구경한 건 내 노동에 대해 스스로 주는 보상이었다.

나의 버킷리스트

내 그림은 서울, 충주, 대전, 대구, 제주 그리고 미국까지 트럭과 비행기를 타고 품을 떠났다. 미술을 전공하지도 않았고, 그림을 따로 배우지도 않았지만 내 안에 잠재해 있던 미적 감각을 총동원해 그림을 그려오고 있다. 십 년 후에는 내 그림이 있는 지역으로 동선을 짜서 '열정 투어'를 다녀오고 싶다. 내 작품들을 찾아다니며 과거 내 땀과 열정을 회상할 계획이다. 그곳이 내게는 '죽기 전에 꼭 가봐야 할 여행지'이다.

유튜브 조회 수 120만 돌파의 기적

'유튜브'는 구글의 미디어 플랫폼으로, 누구나 주체가 되어 다양한 콘텐츠로 방송을 할 수 있다. 뷰티, 음식, 게임, 육아, 교육 등 주제가 다양하며, 젊은 세대부터 노년층까지 핸드폰 클릭 몇 번이면 무료로 볼 수 있으니 유용하면서도 파급력까지 있다. 게다가 유튜브 크리에이터는 초등학생이 꿈꾸는 직업 5위에 선정될 정도로 대세인 직업이기도 하다.

이렇게 재미있고, 정보력까지 갖춘 방송이 무료라니, 나는 시대를 잘 타고 태어난 것 같다.

유튜브 크리에이터가 되다

2년 전, 유튜브의 한 채널에서 나를 '이색 직업'의 주인공으로 소개하고 싶다는 연락을 받았다. 초크아트가 국내에 잘 알려지지 않은 업종이기도 했고, 초크 아티스트라는 직업을 알리고 싶기도 해 흔쾌히 수락했다.

PD와 작가가 와서, 작업 과정과 공방을 촬영하고 인터뷰를 해 갔는데, 긴장을 많이 한 탓에 다리에 힘이 탁 풀렸다.

하지만 유튜브에 소개되자마자, 늘어나는 조회 수와 댓글에 눈이 휘둥그레졌다. 미술전공자가 아님에도 재능을 살려 업으로 삼고 있다는 사실에 칭찬도 있었고, 그림에 대한 쓴소리도 있었다. 칭찬이든 쓴소리든 다양한 사람들의 의견을 들을 수 있어 많은 도움이 되었다.

이 영상으로 KBS와 OBS에서도 연락이 왔으며, 그날 방송된 유튜브는 2019년 4월 현재, 조회 수가 120만이 넘는다.

그리고 지금은 나도 '바니엄마 TV'라는 채널을 개설해 유튜브 크리에이터가 되었다. 1년 넘게, "유튜브 해야지, 언젠가 해야지." 라고 말만 했는데, 마음먹고 달려드니 재미가 있다.

음악을 삽입하고, 영상을 자르고 붙이는 편집도 즐겁다. 또 다른 재미는 아이들과의 소통이다. 처음에는 카메라 앞에서 부끄러워하더니, 지금은 태권도 학원에 가서 친구들과 선생님께 엄마의 채널을 홍보하고 구독자를 늘려오기도 한다.

유튜브는 파급력 있는 마케팅 수단이자, 댓글을 통해 사람들과 소통하는 재미가 있는 플랫폼이다. 전에는 주로 초크아트 영상을 올렸지만, 요즘에는 워킹맘으로서의 일상도 올리고 있다. 서른아홉 살, 아줌마 크리에이터. 아직은 구독자가 얼마 안 되지만, 나만의 속도로, 좋은 콘텐츠를 올려 꾸준히 소통하고 성장하고 싶다.

남편 연봉 부럽지 않은 연 매출 8천

9년 전, 내 첫 고객을 잊지 못한다. 공방을 차리기 전, 신혼집의 방 한 칸을 작업실 삼아 일하던 때였다. 첫 주문에 말그대로 뛸듯이 기뻤다. 그간 혼자 연습해왔던 기량을 맘껏 펼치며 정성스럽게 글씨를 쓰고, 그림을 그렸다. 지금 생각하면 조금 과했던 것 같지만, 새벽까지 그림을 그리고 아침에 일어나면, 작업실 문을 열고 그림이 잘 있는지 확인하고는 했다.

요령도 없던 때라, 지금은 이틀이면 그릴 그림을 그때는 열흘이나 붙잡고 있었다. 그래도 그때는 사람들에게 인정받은 기분이었다. 그렇게 처음 일해 번 돈은 50만 원이었다.

초크아트의 수익과 가치

초크아트는 고부가가치 업종이다. 제작하는 그림에 재료비는 10%도 들지 않는다. 순전히 내 노동력만 들어가는 셈이다.

수작업이기 때문에 하루에 그릴 수 있는 양은 한계가 있지만, 일정 조절에 신경 써서 의뢰받으면 수익이 보장된다. 보통 메뉴판, 입간판, 벽화 등을 그리는데 적게는 20만 원, 많게는 천만 원가량 받을 수 있다. 그리고 크기와 수량, 종류에 따라 다르지만, 보통 50~100만 원대의 주문이 가장 많다.

매출이 가장 높을 때는 봄과 가을이다. 요식업 매장이 가장 많이 오픈하는 때이기도 하고, 학교의 방학이 끝나는 때라 주부들의 클래스 문의도 많다.

성수기 한 달 매출은 최대 천만 원 정도로 직장에 다니는 남편의 수입을 훨씬 뛰어넘기도 한다. 그럴 때마다 남편은 “나도 회사 그만두고 초크아트나 할까?”라고 하며 나를 추켜세우기도 한다. 칭찬과 인정을 받으면서, 가계에 도움이 되니 이 또한 일하는 보람이다.

개인 사업자의 월 매출, 연 매출은 많은 사람의 관심사다. 누군가에게는 아이 둘을 할머니에게 맡기고 자정까지 일해서 버는 돈이 고작 연 8천만 원이냐 물을 수 있지만, 내게 지금의 연 매출은 크게 의미가 없다. 계속 발전하고, 정년이 없는 평생 직업이며, 매출도 앞으로 더 좋으리라 기대하기 때문이다.

창업,
망하지
않으려면?

사업은 예술이 아니다

공방 창업을 꿈꾸는 여성 중에는 예쁜 앞치마를 입고, 아기자기한 소품으로 꾸민 나만의 공간에서 일하는 모습을 꿈꾸는 사람이 있다. 또 나랑 취향이 비슷한 사람끼리 모여 클래스를 열 수 있을 거로 생각한다. 힘들고 지저분한 일보다 '그럴듯한' 일을 하고 싶은 것이다.

우리 주변에 쉽게 볼 수 있는 인기 공방 업종으로는 캔들, 비누, 석고 방향제, 가죽, 목공, 꽃, 손글씨, 제빵, 쿠키, 손뜨개, 재봉, 그림 등이 있다.

공방 창업의 현실

공방은 소규모 창업이어서 초기 비용이 덜 든다는 장점이 있다. 그래서 여성들이 창업하기에 어렵지 않다. 하지만 실제로는 2년 안에 폐업하는 경우가 수두룩하다. 공방을 오픈하면 알음알음 수강생이 올 것 같지만, 막상 시작하면 아무리 홍보해도 효과가 별로 없으며, 한 달 벌어 한 달 월세 내기가 빠듯하다. 게다가 주부 창업자는 남편이 벌어오는 고정 수입이 있기 때문에 중간에 포기하는 경우도 많다.

공방이 2년 이상 버티기 힘든 이유 중 하나는, 사업을 예술이나 공예로만 생각하기 때문이다. 소규모 공방이라고 해도, 다달이 나가는 월세가 50만 원 이상이면 유지가 힘들다. "한 달에 50만 원 못 벌겠어?"라는 마음으로 시작해도, 공과금과 재료비 등을 빼면 정말 월세만 겨우 내는 경우가 많다.

공방을 운영하는 사람은 아티스트이면서 사업가이다. 비즈니스를 버리고 예술로만 접근하면 돈 벌기가 힘들다. 공들여 커리큘럼을 채우고, 공방 인테리어도 고급스럽게 꾸미고, 작품 사진을 찍어 SNS에 올리면 사람들은 칭찬 일색을 댓글을 단다. "정말 금손이시네요. 저도 배우고 싶어요."라는 글을 보면 당장 기분이 좋고, 내일부터는 주문이 몰릴 것도 같다. 그런데 딱 여기까지이다.

공방을 창업하려면,
아티스트 마인드보다,
비즈니스 마인드를 선두에 둬라.

오로지 수익성만 생각해 작품의 퀄리티와 작가의 예술 영혼을 버리라는 게 아니다. 어떻게 하면 내 작품의 가치를 제값에 판매할 수 있을지, 최대한 적은 금액으로 브랜드를 알릴 수 있는지를 연구해야 한다.

이런 고민 없이는 공방 창업 1년 안에 이 같은 생각을 하게 된다. '공방을 접어야 하나, 말아야 하나.'

후발 주자가 할 수 있는 것들

2009년, 초크아트로 창업을 마음먹었을 무렵에도 이미 잘 나가는 동종업체가 있었다. 초보인데다 작은 규모로 시작할 생각이었던 나는, '내가 저 틈에 낄 수 있을까? 이 바닥에서 너무 늦은 건 아닐까?' 고민하며 여러 날을 보냈다. 소위 1세대라 불리는 업체가 선점한 시장을 어떻게 공략하면 좋을까?

어느 시장이건 선발 주자와 후발 주자가 있다. 선발 주자는 브랜드 인지도, 홍보, 마케팅 면에서 유리하다. 하지만 후발 주자라고 해서 경쟁에서 진다는 공식은 없다.

나는 선발 주자와 경쟁하기 위해 '차별화한 전략'을 짰다. 우선 타 업체와는 다르게 클래스와 개인 작업 모습을 모두 블로그에 공개했다. 수강생들과 재미있게 수업하는 모습, 사소한 일상 등을 올려 누구든 쉽게 문 두드릴 수 있게 했다.

수강 문의와 제작 의뢰도 '24시간 문자 상담 가능'이라고 덧붙여, 언제든 이용할 수 있도록 했다. 새벽이든 한밤중이든 언제라도 친절히 댓글로 답을 주면 고마워했다. 클래스에 등록하고자 하는 직장인이나, 장사를 끝내고 나서야 제작 의뢰를 할 수 있는 요식업 사장님들은 다들 밤늦게야 시간이 나기 마련이다. 고객과의 소통에 중점을 둔 전략이었다.

1인 창업이라면 이런 사소한 전략이 브랜드의 가치를 높인다.

틈새시장을 공략하려면?

결론부터 말하자면, 후발 주자가 선발 주자를
앞지르기 위해선 두 가지 전략이 필요하다.
'차별화된 마케팅'과 '고객의 니즈 파악'이다.

후발 주자도 차별화한 전략을 펼치면 얼마든 선발 주자를 앞지를 수 있다. 광동제약의 '비타500'은 동아제약의 '박카스'를 이기기 위해, 피로회복제가 아닌 음료로 홍보하고 대형마트와 편의점에서도 판매했다. 선발 주자인 박카스가 약국에서만 팔린다는 사실을 노린 전략이었다.

콜라 음료도 우리는 선발 주자인 '코카콜라'를 떠올리지만, 실제 매출은 '펩시'가 앞선다. 펩시가 인도에 직접 콜라를 제조할 수 있도록 허가하면서 큰 성공을 거둔 것이다. 그리고 피자헛과 같은 요식업계와 인수합병 절차를 거치며 사업을 키운 결과이다.

고객의 니즈를 파악하는 것도 중요하다. 동네에 먼저 생긴 피아노 학원이 계속 잘되리라는 보장이 없다. 얼마든지 나중에 생긴 학원이라도, 원장의 경영 철학이 좋고, 커리큘럼이 알차면 잘될 수 있다. 피아노를 배우러 온 사람들의 니즈를 파악하는 것이 중요하다. 굴러든 돌이 박힌 돌을 빼낼 수 있다.

"

사업을 하든 무슨 일을 하든 사람들은

자금이나 설비가 부족해서

시작할 수 없다고 말하지.

하지만 모든 것이 넉넉하게 준비된 후에

시작하는 사업이라면

못할 사람이 어디 있겠느냐?

상황이 받쳐주지 못하면 머리를 쓰면 된다.

"

- 이나가키 아츠코, 《1평의 기적》 중에서 -

돈 들지 않는 최고의 마케팅, 블로그

한참 매출이 없을 때 매일 이 위기를 어떻게 헤쳐 나갈지 고민했다. 그러다가 한 창업 교육에서 '블로그 마케팅'을 접하고 눈이 번쩍 뜨였다. 창업 초기에도 가지고 있던 블로그를, 지푸라기라도 잡는 심정으로 열심히 활성화시켰다.

블로그로 새롭게 브랜딩하다

키워드를 '초크아트'로만 해서는 블로그 방문자 수를 늘리기 어려웠다. 그래서 육아, 맛집, 여행 등의 카테고리를 만들어 일상을 기록하기 시작했다. 이렇게 들어온 방문자가 자연스럽게 초크아트를 접하고, 초크아트를 배우고 싶은 사람이라면 누구든 편하게 다가오기를 바랐다.

게시 글이 누적되면서 방문자 수가 눈에 띄게 늘었다. 그리고 실제로 작업 의뢰의 90% 이상이 블로그를 통해 들어왔다. 방문자가 는다고 능사는 아니지만, 방문자가 늘면 수익이 오를 가능성도 커진다.

사람들은 내 블로그에서 완성된 그림보다는 '그리는 과정'에 더 관심을 가졌다. 그래서 나는 작업하다가도 카메라로 전 과정을 찍었다. '대체 요리 블로거들은 과정 하나하나를 어떻게 찍는 걸까?' 열심히 재료를 불로 볶으면서 커다란 카메라를 들고 사진까지 찍는다는 건, 그만큼 요리에 열정이 있어야 가능할 것이다. 나도 그런 열정으로 새벽마다 사진을 순서대로 올리고, 각각의 사진에 설명과 관련 정보를 덧붙여 정성스럽게 포스팅했다.

간혹 시간적 여유가 없다는 이유로 블로그 대행업체를 쓰는 사장님도 있다. 하지만 조금만 공부하면 홍보 비용을 줄일 수 있는데다, 기록을 통해 내 직업을 사랑할 수 있게 된다. 그래서 나는 직접 관리하기를 권한다. 나는 현재 블로그와 SNS로만 내 브랜드를 홍보하고 이끌어오고 있다.

배우고, 경험하고, 경력을 쌓아라

초크아트 수강생 70%가 30~40대의 주부이다.

앞서 말한, 60대 수강생은 정말로 생에 마지막 꿈인 공방 창업의 꿈을 이루셨다. 6개월이 넘는 초크아트 전문가 과정을 충실히 마치고, 강원도에 공방을 오픈하셨다.

그 과정을 보며 나이가 들어도 식지 않는 열정에 감탄하곤 했다.

옆에서 뜯어 말려도 내가 원하면 시작하자

수강 상담 후 실제로 등록하는 사람은 적다. 그 이유는 '너무 비싸서, 너무 멀어서, 남편이 반대해서'가 많다. 남편들 중 "그거 배워서 뭐하게. 그거 해서 돈 벌 수 있을 것 같아?" 또는 "구체적인 계획을 세우고 배우던지!"라고 하는 사람이 있다. 하지만 나도 그들에게 묻고 싶다. 회사에 입사할 때, 구체적인 계획을 세우고 입사했는지 말이다. 아내가 새로운 걸 배우는 데 부정적인 남편이 많다는 게 슬프다.

나는 2008년에 본격적으로 초크아트를 배우기 시작했다. 당시 내 월급에 가까운 200만 원의 수강료에 적잖이 놀랐다. 하지만 시간과 돈을 투자하지 않고, 돈을 벌고 꿈을 찾을 수 있을까?

요즘에는 여성회관, 문화센터, 복지회관 등에 가면 3개월에 10만 원 정도로 원하는 것을 배울 수 있다. 공예, 운동, 요리 등 분야도 다양하다. 또, 이렇게 배운 기술이 실제로 직업으로 이어진 경우도 많다. 재봉틀로 아이 옷과 소품을 만들어 작게 판매를 시작하거나, 동네 사람들끼리 모여 원데이 쿠킹 클래스를 열면서 시작해보는 것이다. 이렇게 시작한 걸음마 창업은 곧, 사업자를 내고 본격 창업의 길을 내준다.

프로가 되는 길

초크아트 전문가 과정을 수료하고, 1년 정도는 집에서 연습했다. 신혼집의 방 한 칸을 작업실로 만들어 이젤 하나만 두고, 창업을 준비했다. 유명한 초크아트 작품을 밤새 따라 그리고, 크리스마스에는 친구와 초크아트 카드를 제작해 길거리에서 팔기도 했다.

좁은 거실이었지만 동네 엄마들 서너 명을 모아 홈 클래스도 열었다. 거실을 공방이라 가정하고, 수강생들을 직접 가르쳐보니 나의 부족한 점을 파악하고 보완할 수 있었다. 이렇게 몇 번 '창업 시뮬레이션'을 해보니, 훨씬 자신감도 생기고 성취감도 느껴졌다. 여기까지가 90점이다.

나는 백 점이 되고 싶어, 홈 클래스 활동 모습과 완성품 사진을 블로그에 올리며 나와 초크아트를 홍보했다. 귀찮고 힘든 날도 있었지만, 정성스럽게 그린 그림을 사람들에게 공개하는 것 자체가 즐거웠다. 지금 와서 생각해보면 모두 내 커리어를 쌓는 일이었다.

하루아침에 피는 꽃은 없다

성공한 여성을 보면 부럽다. 화려하기 때문이다. 그러나 그들이 얼마나 힘든 과정을 거치고, 단단한 내공을 쌓아 그 자리까지 올랐는지를 아는 사람이 있을까?

창업으로 성공한 주부들은 남편과 시댁의 눈치를 보며 배움에 투자하고, 주말에 쉬기보다 일하기를 선택했을 것이다. 또 카페에서 브런치를 즐기는 대신, 차에서 김밥 한 줄 먹으며 창업 자금을 구하러 여기저기 뛰어다녔을 것이다. 성공의 꽃을 피우기 위해 수백 번 흔들렸을 것이다.

끊임없이 배우는 사람이 성공한다. 당장 닥친 일만 처리하고, 만족해서는 성공할 수 없다. 특히 창업으로 성공하는 주부는 특출난 재주가 있어서가 아니다.

전교 1, 2등을 하던 수재도 아니고, 월 천만 원씩 벌어오는 남편도 없다. 그저 꾸준히 배우고, 배움에서 나를 찾는 주부들이 창업에 성공한다.

9년 차
창업맘의
성공 TIP

자, 창업을 시작해볼까?

통계청 자료에 의하면, 2016년 개인 사업자를 낸 사람은 110만 명이고, 그 중 84만 명이 폐업한다고 한다. 3명 중 2명꼴로 폐업하며, 폐업률은 76%에 달한다.

하지만 이런 통계를 보고 겁낼 필요는 없다. 포화 상태에 이른 커피와 치킨 시장에서도 여전히 살아남는 사람은 있다.

인터넷에 '창업할 때 꼭 알아야 할 것들', '여성 창업 노하우'라고 검색하면 '경력 없어도 누구나 가능', '집에서 하루 4시간만 일하면 월 200만 원 보장'과 같은 광고성 글이 대부분이다. 또, 읽을

만한 글이 있어 스크롤을 내리면 가맹 모집 홍보인 경우가 많다.

이런 창업 정보의 홍수 속에서 옥석을 가려내야 한다. 쉽게 돈을 벌 수 있다는 말에 창업한들, 창업에 대한 신념과 철학이 없으면 3개월 만에 폐업을 고민할 것이다.

누구나 시작할 수 있지만, 유지가 힘든 창업을 9년이나 이끌어 왔다. 운영하며 느낀 것을 정리해보았다.

잘하는 일로 창업하자

창업 4년 차쯤 되었을까, 바쁘다는 핑계로 발전에 대한 의지가 시들고, 우물 안 개구리가 되는 것 같아 좋은 강연과 교육이 있으면 열심히 들으러 다녔다. 당시 들었던 창업 교육에서 잊히지 않는 이야기가 있다.

사업을 잘하는 사람은
누구나 인정하는 좋은 몫에서
월 천만 원씩 내며 장사하지 않는다.

누가 봐도 모호한 자리에서,

내 기술과 경험으로,

그 자리를 뭎 좋은 자리로 만든다.

내가 일하는 자리가 뭎 좋은 자리가 된다니, 생각만으로도 설레고 흥분되는 일이다. 창업을 시작하는 주부들은 저마다 계기가 있다. 아이 이유식을 만들다가 재미를 붙여 배달 이유식 사업을 하는 주부, 아이에게 심리적 문제가 있어 연구하다가 심리상담사가 된 주부….

내 단골 카페는 부부가 운영하는데, 둘이 커피 공부를 하다가 만났다고 한다. 그래서 그런지 그들이 내려주는 커피가 그들의 인생이자 꿈인, 특별한 커피 같다. 커피 맛도 중요하지만, 특별한 스토리텔링까지 있으니 단골이 될 수밖에 없다.

또한, 나만의 재능과 기술을 바탕으로 창업하면 실패율이 낮다. 자긍심과 자부심, 열정이 더해진 창업이기 때문이다. 이런 창업자들은 월 매출이 적다고, 무례한 고객이 많다고 쉽게 폐업을 생각하지 않는다. 인기 창업 분야가 아니어도 충분히 성공할 수 있다.

'더 나이 먹기 전에 시작하자!'라는 생각에 쫓기듯 아이템을 찾는 건 금물이다. 특별한 재주가 없다면, 평소 다방면에 관심을 두어 수익성 좋은 아이템을 고르는 혜안이 필요하다.

창업자 대부분이 '돈 버는 법'에만 관심을 두지, '사업을 무엇으로, 왜 하는지'에 대한 철학이 없는 것도 문제이다. 사업에 대해 진지하게 생각하고 스토리를 얹는다면 금상첨화가 따로 없을 것이다.

내 재능을 찾기 위해 이것저것 부딪혀보는 것도 좋다. 단, 내가 잘하는 일과 좋아하는 일을 구분하자. 잘하는 일로 돈을 벌면 그 일이 좋아질 수는 있지만, 좋아하는 일이지만 잘하지 못하면 그 일이 싫어질 수 있다.

주부에게 추천하는 창업 아이템

☆ 상담사

유아, 아동, 청소년, 노인, 부부 등을 대상으로 사회적 갈등을 겪는 사람들의 건강한 삶을 돕는 상담 전문가로 일정 교육을 받거나 국가 자격이 있으면 일할 수 있다.

☆ 홈 푸드, 반찬가게 전문점

급격히 수요가 늘고 있는 인기 업종이다. 유아식, 간편 가정식,

1인식 등의 차별화한 전략으로 성공을 노릴 수 있다. 온라인, 오프라인 모두 가능하다.

☆ 수공예 공방

바느질, 손글씨, 가죽 공예 등은 전통적이면서도 늘 인기 있는 분야이다. 클래스를 열거나, 출강으로 수익을 낼 수 있고, 온라인 판매 또한 수익이 잘 나온다.

☆ 공부방

수학, 영어, 논술, 독서 등 전공을 살려 공부방을 내는 것도 좋다. 교육에 대한 수요는 어디에든 있다.

☆ 파티 플래너

꾸미는 것을 좋아하는 주부들 사이에 늘 인기 있는 직종이다. 백일잔치, 돌잔치 등을 소규모로 집에서 준비하는 사람들 사이에 수요가 있다.

특별한 가치를 담자

우리는 감성의 시대에 살고 있다. 과학의 발전으로 편리한 삶을 살고 있지만, 그 속에서 사람들은 '감성의 결핍'을 느끼며 공감과 감동을 불러일으키는 대상에 매력을 느낀다. 최첨단의 자동차나 가전 광고도 인간의 편리한 삶이 아닌, 가족과 함께 하는 시간을 지향하는 것을 봐도 알 수 있다.

즉, 이런 감성의 시대에는 제품의 질이나 서비스만이 선택의 기준이 아니라, 제품 하나에 담긴 특별한 가치, 배려, 감동이 기준이 된다.

내가 가치 있다고 생각하는 제품과 서비스만이 소비자에게 감동을 준다. 감동을 받은 소비자는 단골이 되고, 평생 고객이 된다. 내 초크아트가 사랑받는 이유도 같다. 사람들은 업체에서 시트지로 출력한 메뉴판보다, 핸드메이드로 따뜻하게 그린 메뉴판을 좋아한다. 일반 메뉴판보다 비싸더라도, 핸드메이드 메뉴판은 더 따뜻하고 정성스러운 느낌을 주는 공간을 만든다.

안마의자도 그저 몸을 안마해주는 기계가 아닌, 부모에게 편안함을 선물하는 '효도'의 가치를 담아 판다. 플로리스트도 그냥 꽃을 사라고 하지 않는다. '사랑하는 사람에게 고백할 때는 장미를, 봄 향기를 채우고 싶을 때는 프리지어를 사세요.'라고 가치를 담는다.

작품에 특별한 가치를 담아 판매하자. 특별함이 없는 가게는 죽은 가게이다. 죽은 가게에는 손님이 오지 않는다. 나의 존재와 가치가 빠진 채 '몫 좋은 자리'만 있는 창업은 창업이 아니다. 남과 다른 방식, 남과 다른 무언가를 담는 것이 창업이다.

역세권 자리라면 돈을 잘 벌 수 있을지 모르겠다. 하지만 여기에 '나만의 가치를 담은 특별한 무엇'을 포함한다면 의미 있는 성장을 할 수 있다. 이런 창업이 10년 이상 롱런한다.

특별한 마케팅이 필요하다

제품에 가치를 담았다면, 이번에는 판매를 해야 한다. 판매가 되지 않으면 그 진가는 발휘되지 못한다.

커피 내리는 실력이 좋은 카페 A와, 커피 맛이 그저 그런 카페 B가 있다.

카페 A는 최신의 설비를 구입하고, 수상 경력이 있는 바리스타를 고용했다. 한편, 카페 B는 편안한 의자가 잘 보이는 통유리, 따뜻한 느낌의 인테리어에 정성들였다. 뻔하고 고전적인 '열 잔 마시면 아메리카노 한 잔이 무료'인 쿠폰도 있고, SNS에 홍보도 했다. 사람들은 두 카페 중 어디에 갈까?

정답은 카페 B이다. 우직한 장인의 철학을 가지고 커피 맛에만 집중하여 입소문이 나는 경우도 있지만, 아무리 좋은 가격, 좋은 품질, 서비스를 갖추었어도 손님들을 불러 모으지 않으면 매장이 자리 잡는데 시간이 오래 걸리고, 초기에 폐업하는 경우가 많다.

실제로 SNS 마케팅만으로도 월 30~40%의 매출을 올리는 매장도 있다. 즉, 실제 장사에선 '커피를 마시는 사람의 마음'에 집중하는 마케팅이 필요하다.

내가 내 브랜드의 가치와 철학, 스토리를 담은 귀한 제품을 많은 사람에게 판매하고 싶다면, 지금 내가 고객을 부르는 마케팅을 제대로 하고 있는지 다시 한 번 점검해보자.

사업체의 오너가 되라

구멍가게와 규모 있는 사업체는 둘 다 돈을 버는 행위를 하고 있다는 공통점은 있지만, 사업을 운영하는 마음가짐과 노력의 비중이 다를 것이다.

구멍가게에서 소소하게 행복을 느끼며 감사히 살아가는 분들의 이야기는 잠시 접어두고, 성공 창업을 위한 이야기를 해 보겠다.

사업체의 오너가 될 자격이 있는 사람은 어떤 특징이 있을까?

일을 즐겨라

성공한 사람들이 일을 즐긴다는 것은, 일과 삶의 경계가 구분되어 있지 않고, 일상생활 속에서도 일에 대한 아이디어를 끊임없이 생각한다는 의미이다. 일을 일로 보지 않는다.

요즘에는 일과 개인의 삶을 분리해 '워라밸' 맞추기에 집중하는 사람들이 많지만, 어디까지나 직장인에게 해당하는 이야기이다. 내 생활만 보아도 일과 삶이 구분되어 있지 않다.

멀리 보자

원가 만 원짜리를 만 5천 원에 팔았다고 좋아하지 말고, 내일 2만 원에 팔 수 있어야 한다. 당장 팔지 못해도 내일 다시 찾아오게끔 해야 한다. 사실 말이 쉽지, 정말 어렵다.

수강료 200만 원의 전문가 과정 클래스는 등록할 것처럼 하다가도 하지 않는 게 부지기수다. 창업 초기에는 일이 성사되지 않으면 좌절하고는 했는데, 9년 차인 지금은 오늘 등록하지 않아도 절망하지 않는다.

잠재 고객을 만들어라

조쉬 카우프만의 《퍼스널 MBA》에 보면, 제품 구매 확률이 높고, 사업성 있는 고객의 관심을 끌어야 한다고 한다. 인간은 습득 욕구, 유대 욕구, 학습 욕구, 방어 욕구, 감각 욕구라는 다섯 가지 욕구를 통해 의사와 행동을 결정한다. 물질뿐 아니라 무형의 자질을 모으고 싶어 하고, 타인과 관계를 형성해 사랑받고자 하고, 호기심을 충족시키고 싶어 한다. 또한 내 것을 위험으로부터 지키고 싶어 하며, 새로운 감각으로 자극받는 오락의 욕구를 충족하고 싶어 한다. 이러한 욕구를 채워줄 수 있어야 사업성이 있다고 할 수 있다.

어떤 사람이 내 제품을 사고 싶어 하는지를 파악해 그들에게 최적화한 방법으로 내 브랜드를 알리자. 당장 구매의사가 없을지라도 언젠가 나를 찾도록 만드는 것이다.

끊임없이 투자하고 분석하라

지금 잘된다고 해서 나에게 아무런 투자도 하지 않는 것은 위험하다. 감당할 수 있는 범위 내에서 끊임없이 새로운 것을 배워야 한다. 전문 분야여도 그 안에서 새로운 기술은 계속 개발된다. 배우지 않으면 도태하고 만다. 또한 현명한 사람은 투자로 인해 손실이 발생해도, 오히려 수업료를 지불한 거라 생각한다.

태어날 때부터 장사 기질이 있어 사업을 잘하는 사람도 있지만, 보통은 위기와 실패를 통해 깨닫는다.

실패를 분석하자

하수는 행운만 바라지만, 고수는 최악의 상황을 대비한다는 말이 있다. 안된다고 좌절만 하면 남는 게 없다. 왜 실패했는지, 어떻게 하면 실패하지 않을지 고민하고 분석해야 한다.

실제로 SK하이닉스는 '실패 사례 경진대회'를 열어 실패를 통해 같은 실수를 되풀이하지 않도록 하고 있다. 그리고 자발적으로 실패 사례를 공유하고 알린다. 이런 과정을 통해 그들은 실패를 두려워하지 않고 계속 도전한다.

혼자 일한다고 대충하지 마라

1인 창업은 말 그대로 혼자 하는 창업이다. 계획도 혼자, 실행도 혼자, 결과에 대한 성공과 실패도 혼자 맛본다. 1인 창업이 힘든 이유는 바로 나 스스로와 타협하려 하기 때문이다. 주부들은 특히 사업이 잘 안 되면 '월세만 내도 어디야.'라고 생각한다. 남편이 벌어오는 고정수입이 있기 때문이다. 하지만 월세만 내는 것은 건물주의 배만 불려주는 일이다.

골목에 작은 가게라 할지라도 대충해서는 안 된다. 아이와 함께할 시간, 건강을 위해 운동하는 시간, 친구들을 만날 시간을 다 포기하고 하는 창업이니, 당연히 월세 말고 수익도 나야 한다. 창업 사례를 많이 듣고 시행착오를 줄여나갈 계획을 세워야 한다.

시장 분석, 유사 업종 분석, 고객의 니즈 파악, 마케팅 등 구체적이고 현실적인 구상이 있어야 한다. 아이디어만 좋으면 소상공인에 대한 정부 지원을 받아 무료로 사무실을 임대하거나, 지원금을 받을 수도 있다. 1인 창업이라 해도 제대로 준비하는 사람은 사업 계획서부터 꼼꼼하고 야무지게 만들며, 내 사업을 알리기 위해 발 벗고 뛰어다닌다.

20대 청년만 실행할 수 있는 게 아니다. 실제로 창업하는 주부를 보면 육아와 가사를 병행하며, 새벽에 사업을 구상하고 자료를 찾는다.

단, 무리한 계획도 금물이다. 초보 창업자에게 초기 자본 2~3억가량이 들어간다면 규모가 크다. 혹여 실패하더라도 우리 가족이 생활하는 데 문제 되지 않는 선에서 시작하는 게 현명하다.

창업이
좋은
이유

내 스케줄은 내가 짠다

서른 살, 잘 다니던 회사를 그만둔 이유는 '내 시간'을 갖기 위해서였다. 아침 9시 출근, 잦은 회의에 외부 미팅, 야근… 결혼해서 아이를 낳기라도 하면 회사를 포기할 수밖에 없는 스케줄이었다. 그래서 나는 결혼을 몇 달 앞두고 과감하게 사표를 냈다.

아직 임신한 것도 아닌데, 왜 직장을 그만두느냐는 사람도 있었지만, 후회는 없다. 그랬기에 서른한 살이라는 이른 나이에 사업을 시작할 수 있었다.

모든 워킹맘은 육아를 병행하며 전쟁 같은 삶을 산다. 그리고 나는 여전히 직장에 다니는 것은 자신이 없다. 결혼 후 지금까지 아이들을 키우며 일할 수 있는 이유는 스케줄을 내가 짤 수 있기 때문이었다. 나는 내 공방의 대표이자, 팀장이자, 직원이므로, 내가 할 수 있는 일만큼만 유동적으로 스케줄을 짜고 실행했다. 물론, 스케줄을 유동적으로 짠다는 것은 양날의 검이 될 수도 있다. 나태해지기 쉽고, 계획이 무산되기도 쉽다. 그래서 프로 의식으로 끊임없이 나를 채찍질하며 일하고 있다. 그리고 이보다 내게 어울리는 일은 없다.

나의 하루 스케줄

☆ AM 07:00	기상, 아이들 등교 준비, 아침 식사
☆ AM 08:40	큰아들 등교
☆ AM 08:50	작은딸 등원
☆ AM 10:00	스포츠센터에서 피트니스 운동
☆ AM 11:30	공방 출근
☆ PM 12:00	클래스 수업
☆ PM 05:00	아이들 학원 픽업 후 공방 복귀
☆ PM 06:00	새벽까지 초크아트 작업

평소 퇴근은 밤 11~12시 정도, 일주일에 하루이틀은 오후 5시

에 퇴근해 아이들과 저녁 시간을 보낸다. 이렇게 말하면 누군가는 "지금 자기처럼 일하라는 거야? 차라리 야근 수당 있는 게 낫지." 라고 말할 수 있다. 하지만 내게는 오전 시간이 자유롭다는 장점이 있다. 아이 등교와 등원을 책임질 수 있고, 내 건강을 위해 운동을 할 수 있으며, 아이가 아프면 언제든 쉴 수 있다. 나는 일과 개인 생활을 굳이 분리하지 않는다.

육아에 집중하는 시간을 제외하고는 온종일 머릿속에 일에 대한 아이디어가 떠오르는데, 억지로 하는 게 아니어서 거부감은 없다. 이렇다보니 나는 새벽에 퇴근하는 날이 가장 만족스럽다. 퇴근하면서 다시 일찍 출근하고 싶은 날도 있다.

모든 아이에게 등원 거부의 시기가 온다고 한다. 아프지도 않은데 울고, 떼쓴다. 이런 날은 오전 운동 시간을 취소하고 그냥 아이와 함께 공방에 출근하는 날도 있다.

또 뜻하지 않게 마감이 앞당겨져 작업 시간이 부족한 때에는, 수강생에게 양해를 구하기도 한다. 이렇게 내 사업은 회사 일정에 맞춰 수동적으로 스케줄을 짤 수밖에 없는 직장맘보다 자유롭게 육아와 일을 병행할 수 있다.

눈치 볼 사람이 없다!

한국의 회사는 참 재미있는 구조이다.
돈을 적게 받는 사람이 일을 많이 하고,
돈을 많이 받는 사람이 일을 적게 한다.

직장에 다니는 사람이라면 어느 정도 공감할 것이다. 또, 야근은 어찌나 많은지! 시간 외 업무 때문이 아니다. 보통은 상사가 퇴근을 안 하면 부하 직원도 못 한다. 내가 일할 때에도 상사가 퇴근을 안 하면, 의자에 가방과 겉옷을 걸어두고, 밖에서 시간을 보내다가 10시 넘어 퇴근한 적도 많았다. 또 회식은 업무의 연장 아닌가.

게다가 직장맘에게 '상사의 눈치'는 엄마의 역할과 자아실현의 욕구 모두에 실질적 문제를 일으킨다. 아이의 참관 학습, 봉사 활동 때문에 써야 하는 조퇴와 휴가는 보장받아야 함에도 '여자는 이래서 안 돼.'라는 낙인을 찍고, 죄인으로 만든다.

일을 통해 가계와 자아실현에 도움이 되려면, '시간을 유용하게 쓸 수 있는 자유'가 보장되어야 한다. 물론 모든 직장맘들이 울며 겨자 먹기 식으로 일하지는 않는다. 모두 자신만의 가치를 찾으며 도전하는 삶을 살고 있을 것이다. 하지만 시간을 능동적으로 쓰지 못하는 현실이 안타깝다.

물론 내게도 일과 육아의 스트레스와 고충이 있다. 하지만 상사 눈치 없이 일하고, 내가 즐겁고, 누가 시키지 않아도 기꺼이 뛰어들 수 있는 일이어서 나의 9년 전 결정에 감사하다.

엄마 일하는 공방에 같이 갈래?

내가 초등학교 때, 부모님은 스포츠의류 사업을 하셨다. 엄마는 정말 쉬지 않고 일과 육아를 병행하며 억척스럽게 삶을 일구셨다. 친구네 엄마는 다들 학교에 다녀오면 간식도 내주고, 학원에도 데려다주었는데 나와 동생은 그런 보살핌을 받지 못했다.

밤 10시에 엄마를 보러 매장에 가면, 늘 땀 흘려 일하고 계셨다. 커다란 상자에서 옷을 꺼내 정리하고, 진열하고, 손님도 응대하셨다. 또 문제가 생기면 발 빠르게 척척 해결하시던 엄마의 모습은 그 누구보다 멋있었다.

지금 자신의 모습이 30년 후 딸의 모습이라고 한다. 내가 이런 엄마를 보고 자라서일까? 지금의 나는 엄마의 모습을 똑 닮았다. 내가 공방을 낸다고 했을 때, 부모님은 반대가 심했다.

"결혼하면 남편과 시부모님 사랑받고 사는 게 제일이야."라고 하시며 집에서 아이 키우며 몸 편히 살기를 바라셨다. 하지만 나는 포기하기 싫었다. 그리고 내가 좋아하는 직업을 갖고 나를 성장시키며 살 수 있는 건 모두 엄마 덕분이라고 생각한다.

작년 여름, 클래스가 없는 날 두 아이를 데리고 공방에 나온 적이 있다. 나는 아이들 앞에서 그림도 그리고, 수강생들을 상담했다. 엄마가 일하는 모습을 보며 아이들이 무슨 생각을 했을까?

나는 아이들에게 내가 일하는 모습을 일부러 보여준다. 무슨 일을 하며, 어떻게 돈을 벌고, 왜 아침마다 그리 바쁘게 나가는지를 보면 나를 이해하는 데 도움이 되리라 생각한다. 그리고 이런 내 모습을 보고 아이들도 원하는 일을 하며 살길 바라본다.

Wiz Chalkart
초크아트&팝아트
칠판메뉴판.입간판.벽화 주문제작

여자 감각 200% 발휘

요즘은 미디어의 시대이다. 대형 프랜차이즈 사업부터 골목의 작은 공방, 네일아트, 쿠키 전문점… 셀 수 없이 많은 매장이 생기지만, 이제는 1인 미디어로 창업 아이템을 잡아 수익을 내기도 한다.

'숙제 잘하는 팁, 내 아이 공부 습관 잡는 법' 등을 유튜브에 올리는 사람뿐 아니라, '수납, 화장실 청소' 등 가사 팁을 올리는 사람도 있다. 1인 미디어 시대에 주부 크리에이터로 활동하는 것이다. 저게 무슨 돈이 될까 싶지만, 요즘은 돈 내고 살림 노하우를 배우고 싶어 하는 시대이다.

이렇게 자신의 실용적 경험을 바탕으로 창업하는 경우 지속성, 안정성이 보장되어 실패율이 낮다. 개인적으로도 '주부 9단'이란 별칭으로 자신만의 살림 솜씨나 육아 노하우를 가지고 창업하는 사람은 정말 본받고 싶다.

소비는 누가 결정하는가?

요즘에는 창업에 성공하기 위해 '소통과 공감 능력'이 중요하다. 남성이 유리했던 제조와 유통업이 주요 산업이었던 시대는 지나고, 지금은 여성의 섬세함과 감수성으로 승부하는 분야가 주목받고 있다. 또한 여성들의 사회 진출이 활발해진데다, 소비 결정권도 여성에게 있기 때문에 외식 산업, 인테리어, 육아, 패션 산업 등이 성장 중에 있다.

어느 가족이 주말에 외식하기로 했다고 가정해보자. 어디에서 무엇을 먹으며 가족끼리 시간을 보낼까?

아마 그냥 한 끼 배 채울 곳이 아니라 예쁜 장소에서 아이들과 사진도 찍을 수 있는 곳으로 선택할 것이다. 남편에게 "이런 곳을 어떻게 알았어?"라는 말도 듣고 싶은 아내들은 미리 동네 맛집을 검색하거나 온라인 커뮤니티에서 평이 좋았던 곳을 선정한다.

또한 소비 이후에 느끼는 만족, 불만족에 대한 평가나 입소문을 내는 것도 대부분 여성이다. 그렇게 본다면 입소문, 즉 바이럴 마케팅도 여자가 남자보다 유리하다. 전문가가 아니더라도 대중의 눈높이에 가깝고, 조건이 비슷한 사람의 소비 경험이 제품을 구매하는 데 많은 영향을 주는 것이다. 여자 마음은 여자가 안다는 말처럼, 주말 외식할 곳을 고르는 것도 여성, 그 식당을 추천하는 것도 여성인 경우가 많다.

내 심장이 뛰는 일

"너는 지금 하는 일이 재밌어?"

"나는 초크아트를 몰랐으면 어떻게 살았을까 싶어."

내가 좋아하는 일, 내 심장이 뛰는 일을 하라는 사람은 많은데 사실 말처럼 쉽지는 않다. 좋아하는 일을 하면 돈을 못 벌고, 돈을 많이 벌려고 일하면 지쳐버린다. 백종원 대표처럼 좋아하는 요리로 돈도 많이 버는 덕업일치의 꿈을 이룬 사람은 전생에 나라를 구한 걸까?

하고 싶은 일은 정말 돈이 안 될까?

하고 싶은 일을 돈으로 연결하지 못하는 것은 능력 부족일지 모르겠다. 맛집을 블로그에 올리는 일로 월 200만 원은 거뜬히 버는 주부도 있고, 자신의 취미와 특기를 유튜브에 올려 수익을 내는 학생도 있다. 대부분 전공자도 아니고 고학력자도 아니다. 그저 자신이 좋아하는 일을 수많은 고민과 시행착오 끝에 '돈'의 가치로 바꾸는 사람일 뿐이다.

이제는 좋아하는 일을 마음껏 할 수 있는 시기이다. 아이가 어리다면 육아와 가사를 주제로, 아이가 조금 컸다면 그 외에 다양한 분야를 생각해볼 수 있다. 지금이 바로 도전을 준비할 시기이다. 주부들의 남는 시간. 하루에 몇 시간 안 될지라도 이 시간을 월급날만 기다리는 평범한 주부로 만들 수도, 남편과 아이에게 몇 푼일지언정 "사고 싶은 거 사!"라며 돈을 내미는 능력 있는 주부로 만들 수도 있다. 가장 무서운 적은 내 안에 있다. 지금 내 심장이 뛰는 일을 시작하자.

남의 일을 돕는 것이 아닌 내 일을 하는 사람,
스스로의 성장과 발전을 위해 일하는 사람,
내 라이벌은 남이 아닌 나다.

chalkart

4

맞벌이로 산다는 것

워킹맘,
워킹대디의
윈윈 맞벌이

맞벌이들, 공감하세요?

백화점에 가니 이 옷도 사고 싶고, 저 옷도 사고 싶다. 결혼 전에는 카드를 마음껏 긁고 다녔는데, 이제는 그렇지가 않다. 비싼 옷 한 벌 사면 남편이 잔소리할 것 같고, 싼 옷을 사려니 마음에 안 든다. 그래서 나는 눈치 안 보고 쓸 수 있는 내 돈이 필요하다고 생각했다. 당당히 "예뻐서 샀어!"라고 말하고 싶었다.

주부들도 창업으로 성공하자고 책을 쓰는 시대이다. 나라고 시작부터 특별한 게 아니었다. 내가 맞벌이를 해야겠다고 느낀 계기는 백화점 쇼핑이었다.

맞벌이 아내가 듣고 싶은 말

- 일하랴, 집안일하랴, 애 키우랴 정말 힘들지?
- 난 당신처럼 하라면 절대 못 할 거야. 대단해.
- 당신 지금 참 잘하고 있어. 고마워.

맞벌이 남편이 듣고 싶은 말

- 오늘 설거지하면 한 시간은 자유야.
- 이번 주 토요일은 아무것도 하지 말고 푹 쉬어.
- 이번 주말에 애들 잘 돌보면 텐트 주문해줄게.

맞벌이 아내에게 해서는 안 될 말

- 집안일 잘해놓고 다닐 자신 없으면 일하지마!
- 나가서 벌면 얼마나 번다고.
- 힘들다고 징징거릴 거면 그냥 집에 있어.

맞벌이 남편에게 해서는 안 될 말

- 옆집 아빠는 애들이랑 그렇게 잘 놀아준다는데….
- 쥐꼬리만큼 벌면서! 내가 왜 밖에서 일하는데?
- 내 친구 남편은 돈 잘 버니까, 얼마나 편하게 사는지 몰라.

둘이 벌어 모으는 재미

10년 전, 회사에서 일할 때 동갑내기 동료가 있었다. 동료는 명문여대를 졸업해 회사에서도 두각을 나타내는 사원이었다. 남자 보는 눈도 까다로웠다. 우리는 결혼 적령기의 미혼이었기에 결혼에 대해 많은 이야기를 나누는 사이였는데, 나는 그녀가 학벌 좋고, 스펙 좋은 남자와 결혼할 거로 생각했다.

그러던 어느 날, 그녀가 주말에 소개받은 남자에 대해 이야기했다. "남자가 성격도 좋고, 괜찮아 보이는데 대학을 지방에서 나왔더라고. 그게 좀 걸리네." 학벌이 배우자의 조건으로 절대적인 건 아니겠지만, 그녀에게는 중요할 수 있다고 생각했다. 하지만 놀랍

게도 그녀는 소개받은 남자와 연애를 시작하고 결혼까지 했다. 어떻게 결혼까지 결심했느냐 묻자, "남자가 많이 버는 건 아닌데, 둘이 열심히 벌어서 대출 갚으며 사는 것도 재미있을 것 같아."라는 말이 신선했다.

워낙 남자 보는 눈이 까다로워서 나중에 골드미스가 될 수도 있겠다고 생각했는데, 그녀의 결정이 기특하기까지 했다. 10년이 지난 지금도, 그녀는 여전히 직장 생활을 하며 아이를 낳고 잘 살고 있다. 그녀 말대로 둘이 벌어 대출 빚 갚으며 재미있게 살고 있을 것이다.

물론, 경제적 이유로 어쩔 수 없이 맞벌이를 선택해 전쟁 같은 하루하루를 사는 부부도 있다. 하지만 '벌이가 적어서', '남편이 내가 집에서 노는 꼴을 못 봐서'라고 생각하지 말고, 함께 벌어 차곡차곡 모으는 재미를 느끼며 산다고 생각하자.

그러면 힘들고 고단한 맞벌이의 삶이 조금은 만족스러울 것 같다. 맞벌이에게는 반드시 의기투합할 수 있는 공동의 목표가 필요하다.

맞벌이라서 좋은 점

둘이 같이 번다는 경제적 안정감은 무시할 수 없다. 우리 부부의 경우에는 남편에게 고정 수입이 있으니, 내 사업이 저조해도 가정 경제에 치명적이지 않다.

또, 둘이 함께 가정의 경제를 책임지고 있다는 자부심이 부부 사이에 긍정적인 영향을 준다. 우리는 일터에서 성과를 내거나, 좋은 일이 있을 때는 함께 손바닥을 마주치며 동지애를 확인하고는 한다. 역시 둘이 벌어서 좋다.

우리는 평등하다

돈을 번다고 권위가 생기지는 않지만, 함께 벌면 평등해진다. 아내가 일하면 남편도 집안일을 더 많이 하며, 아내도 바깥일이 힘들다는 걸 알기에 남편을 이해한다. 그래서 역할 분담이 자연스럽다.

또 일하는 며느리라 살림과 경조사 챙기기에 소홀해도 시가에서 어느 정도 이해받을 수 있다. 물론, 내 아들 밥 굶길까봐 걱정하는 시어머니도 더러 있다. 달라져야 한다.

자립은 누구에게나 중요하다

돈을 벌 줄 모른다면, 갑작스러운 이혼이나 사별 후 어떻게 할 것인가?

여성의 경제적 자립은 생존에 반드시 필요하다. 실제로 이혼하고 싶어도 경제력이 없어 참고 사는 여성도 많다. 경제적 자립이 가능해야 절망적인 상황도 헤쳐 나갈 수 있다.

맞벌이라서 나쁜 점

맞벌이에게 가장 어려운 일이 바로 육아이다. 그나마 유치원 때까지는 무료로 6시까지 보육이 가능했는데, 초등학교에 입학하니 돌봄 교실에 맡겨도 따로 양육비가 들어간다. 실제로 여성들이 가장 많이 휴직과 퇴사를 결정하는 시기가 아이 초등학교 입학 시기이다. 양가 부모님께 아이를 맡겨도 양육비는 들어가고, 더불어 신경 쓸 일도 많아진다. 그래서 30대에는 쉬었다가, 아이들이 어느 정도 자란 40대에 다시 맞벌이를 시작하는 경우도 많다.

여자는 너무 힘들어

여자가 힘든 이유는 육아와 가사 때문이다. 세상이 변해도 남편보다 집안일과 육아를 더 많이 한다.

왜 아내가 돈 벌어오는 살림 도우미이기를 바라는가. 고생시키려고 결혼한 게 아니라면, 가사와 육아에 적극적이어야 한다.

당신만 일하세요?

야근이나 업무 스트레스가 많을 때는 누구나 지친다. 이럴 때 집안에 문제가 생기면 서로를 탓하기 쉽다. 우리 부부는 평일에는 일에 치여 살지만, 최소한 주말에는 가족과 시간을 보내려고 노력한다.

배우자가 잘했을 때는 "고맙다, 정말 잘했다."라고 칭찬하고, 부족할 때는 "괜찮다, 이해한다."라는 말로 응원해주자. 서로 부족한 점을 채워주려고 한 결혼이다.

맞벌이 육아법

가족 구성원의 수, 부모와 아이의 성격, 주거 환경, 식습관, 주말을 보내는 방법… 집집마다 가정을 이루는 구성과 환경은 다르다. 하지만 의외로 비슷하게 사는 것 같을 때도 있다. “어? 너희 집도? 우리 집도!”

아이를 양육하는 것도 비슷하다. 특히 맞벌이들은 대부분 아이와 함께 놀아주지 못하는 죄책감을 가지고 있다. 아이가 잠을 자야 나도 잘 수 있으니, 빨리 자자고 수십 번 다독이다가도 막상 잠든 아이의 얼굴을 보면 더 신나게 놀아주지 못한 게 미안하다.

직장에서 칼 같이 퇴근하고 집에 와도 부모의 실제 퇴근 시간은 빨라야 6~8시 정도이다. 10시에 잠자리에 든다고 해도, 부모와 아이가 함께하는 시간은 고작 두 시간뿐이다. 하루 24시간 중 아이와 부모가 함께 하는 시간이 두 시간이라니, 애석하다.

짧은 시간, 집중해 놀아주자

저녁밥 지어 먹고, 목욕 시키고, 옷 입히고, 로션 발라주고 나면 정작 아이와 놀 수 있는 시간은 없다. 부모도 온종일 일하고 와 피곤한 상태라 에너지가 바닥이다. 직장에서 스트레스라도 받은 날에는 아이에게 무기력함과 짜증이 표출하기도 하는데, '이러지 말아야지.' 하면서도 아이가 보채거나 떼쓰면 부모도 웃는 게 웃는 게 아니다.

하지만 일을 그만둘 생각이 아니라면, 나는 즐겁게 아이들과 시간을 보내고 싶다. 그래서 최선을 다해 아이와 즐거운 저녁 시간을 보내기 위해 노력한다. 내가 그토록 원하던 아이였으니까. 아이의 탄생으로 인생에서 가장 행복한 시기를 보내고 있으니까.

맞벌이는 아이와 놀아줄 시간이 적으므로 짧은 시간에 최대한 집중해서 놀아주면 좋다. 집에 오자마자 30분 정도는 옷도 갈아입지 말고 아이의 놀이에 참여하자. 먼지 묻은 옷도 빨리 벗고 싶고, 밥도 빨리 먹고 싶지만 나는 꾹 참고 아이의 놀이에 관심을 보이며 참여했다. 아이들이 좋아하는 모습을 보자, 덩달아 피로가 풀리는 기분이었다.

요새는 "진욱아, 그거 뭐야? 잘 만들었네? 엄마 옷만 갈아입고 나올 테니, 같이 만들자!" 하는 요령도 생겼다. 아이 옆에 오래 있어준다고 아이가 더 즐거워하는 건 아니다. 짧더라도 관심을 기울여 능동적으로 놀아주고, 아이의 말을 들어주면 아이는 부모의 사랑을 충분히 느낀다.

아이와 놀다 남편이 들어오면, 엄청 재미있는 척하며 "여보, 우리 보드게임하고 있으니까 손만 씻고 와. 끼워줄게."라고 말한다. 솔직히 매일은 힘들지만, 되도록 20~30분은 놀아주다가 저녁도 먹고, 목욕도 시킨다.

혼자 노는 법도 가르치자

하지만 놀아주는 것에 집착할 필요는 없다. 혼자 노는 법을 가르치는 것도 중요하다. 함께해야 한다는 강박을 버리고 부모가 자신들의 삶을 즐기고 밝게 살아가는 기운을 보여주는 것만으로도 아이는 훌륭하게 자란다.

맞벌이의 현실 주말

토요일 아침, 학교도 유치원도 안 가는 아이들은 우리보다 일찍 일어난다. 나와 남편은 일, 야근, 술자리로 인해 부족한 잠을 주말에 몰아 자야 하는데, 아이들은 8시 전에도 일어난다.

금요일 밤에는 되도록 일찍 집에 와 아이를 재운 뒤, 둘이 맥주도 한 캔 마시며 새벽까지 영화를 보곤 한다. 너무 피곤해도 경제활동의 보상이라 여기며 일단 부부만의 시간을 보낸다. 어떤 때는 함께 빨래를 개면서 이야기를 나누고, 옥신각신하며 핸드폰으로 생필품을 주문한다.

나는 남편이 "뭐 도와줄까?"라고 물으면 분노 게이지가 오른다. 맞벌이라면 응당 잡안일과 육아 역시 공통의 영역인데, '돕는다'라는 말을 쓰면 화가 난다.

현실적으로 '돕지도 않는' 남의 집 남편들을 보며 내 남편에게 고마워해야 할까? "도와주는 게 아니고 같이 하는 거거든?" 하며 맞설 때가 있지만, 이때도 나는 남편의 감정을 건드리지 않기 위해 노력한다.

우리보다 일찍 일어나는 아이들은 주로 만화를 보거나, 장난감을 가지고 논다. 그렇게 엄마와 아빠 없이 둘이서만 노는 시간은 한 시간이 훌쩍 넘을 때도 있다.

그래서 나는 금요일 밤에 아이들이 아침에 간단히 먹을 수 있는 간식을 미리 준비해둔다. 주로 시리얼과 우유, 과일, 빵 등이다. 어떤 날은 우리가 먹다 남긴 육포나 과자를 둘 때도 있다. "엄마 어제 일하느라 아침 늦게까지 자야 하니까 이거 먹고 놀고 있으렴." 하고 친절하게 메모도 남겨둔다. 30분이라도 더 자기 위한 대책이랄까. 아이들이 서너 살 때만 해도 나와 남편의 눈을 찔러서 깨우기도 했는데, 이제는 부모가 없어도 잘 놀고 있으니 이런 효자, 효녀가 없다.

가끔 숙제를 다 해놓고 나를 깨우기도 하는데, 이럴 때는 '오 마이 갓!' 아이가 반에서 일등이라도 한 것처럼 기분이 좋다.

내 뒤의
지원군을
조종하라

마흔 이후, 내 남편의 생존법

나와 남편은 81년생 동갑내기이다. 함께 서른을 맞이했고, 함께 마흔을 맞이할 예정이다. 환갑도 칠순 잔치도 함께할 것이다. 남자의 40대는 여자와는 분명히 다르다. 잦은 야근과 술자리로 만성 피로를 호소하고, 갑작스럽게 세상을 떠나는 선후배나 동료도 생긴다. 가장 노릇을 하느라 강한 척하지만, 정작 집에서는 아내와 아이들의 눈치를 본다.

인생 전체에서 가장 왕성하게 경제 활동을 하며 돈을 버는 시기이지만, 반대로 지금 다니는 직장에서 언제까지 버틸 수 있을지, 지금이라도 다른 일을 찾아봐야 할지를 고민하는 시기이기도 하다.

일터에서 이런 고민을 하며 버티고 있을 남자들을 생각하면 가엾다. 열심히 일하지만, 정작 자신의 행복에 대해 생각할 겨를이 없다. 아이가 사춘기라도 들어서면, 아이와 어떻게 대화해야 할지도 모른다. 어릴 때는 목말도 태워주고, 같이 축구도 했던 아들인데, 이제는 아빠가 집에 들어오는 소리가 들리면 방으로 들어가 버린다. 분명한 건, 남자는 40대부터 작아지기 시작한다. 나도 이런 생각이 들 즈음부터는 남편에게 '잔소리하지 말아야지.' 하고 다짐했는데, 같이 살림하고 육아하다 보면 어느새 아들 꾸짖듯 혼낼 때도 있다.

남편이 40대를 편안하게 보내고, 행복하게 노후를 준비하려면 아내의 도움이 필요하다. 잘해왔고, 앞으로도 잘할 거라는 진심 어린 응원과 격려도 좋고, 한 달에 한두 번씩은 혼자 하고 싶은 거 실컷 하도록 두자. 돈 안 드는 '공짜 배려'이기도 하다.

남자의 마흔.

열심히만 살아 행복하게 사는 법을 모르는 나이.

사춘기 자식과 어떻게 대화할지 모르는 나이.

목소리 우렁찬 아내 앞에서 한없이 작아지는 나이.

일하는 아내의 남편으로 산다는 것

내가 9년간 육아와 살림, 일을 흔들림 없이 해올 수 있었던 이유는 두 사람의 든든한 지원군 덕분이다. 바로 정신적 지원군인 남편과 육체적 지원군인 시어머니이다.

정신적 지원군, 남편

남편은 때로는 선배처럼, 때로는 매니저처럼 나를 격려하고 도왔다. 남편은 13년간 한 분야에서 묵묵히 일하는 직장인이자, 두 아이의 아빠, 정신없이 사는 아내의 남편이기도 하다.

사람들에게 돈 잘 버는 아내가 있어서 좋겠다는 말을 듣고는 하지만, 이면에는 하고 싶은 일을 꼭 해야만 하는 이기적인 나와 사느라 힘들다는 걸 알고 있다. 내조를 못 받아 불만이 있을 텐데도 내색하지 않고, 내 수많은 변명에도 고개를 끄덕인다.

남자에 관한 두 가지 진실

물론 남편이 나를 지원하기까지는 오랜 시간이 걸렸다. 결혼하고 난 후 깨달은 남자의 진실.

남자는 늙어 죽을 때까지 어린아이이다.

그리고 남자는 가르치지 않으면 정말 모른다.

특히 내 남편은 정말 가르치지 않으면 모르는 게 너무 많았다. 손목에 힘을 주고 커다란 칠판에 페인트칠을 하다보면 정말 팔과 어깨가 빠질 듯이 아프다. 게다가 컨디션이 좋지 않은 날에는 짜증까지 솟구친다.

이럴 때 남편이 오면 엄살 조금 보태서 아픈 시늉을 하면 '안마 좀 해주고, 찜질팩 좀 가져다줘.'라는 뜻인데, 남편은 전혀 알아채지 못했다. 정확히 말하기 전까지는 생각도 못하는 듯하다.

남자는 여자가 정확히 말하지 않아 불만이라는데, 역시 여성과 남성은 다른 별에서 온 게 분명하다.

남편 조종하는 법

나도 남편이 척척 내 마음을 알아주지 못할 때는 '이런 남자인 줄도 모르고 결혼했다니.'라는 생각만 들었다. 하지만 내 마음을 알아줄 때까지 기다리다가는 둘 다 노인이 되어있을 것만 같았다. 그렇다고 포기하고 살기엔 내 결혼 철학에 위배하는 일이었다.

나는 남편을 조종해야 했다. 가르쳐야 했다.

남편은 아이들이 어릴 때는 육아의 상당한 부분을 담당했다. 목욕 시키기, 밥 먹이기, 머리 빗기기 등 세심하게 아이들을 돌보아 감동하기까지 했다.

하지만 아이가 유년기에 접어드니, 아이들에게 감정 섞인 화를 자주 내었다. 버릇없이 크면 안 된다는 이유로 잘못된 훈육을 하는 것이다. 그래서 아이들은 아빠보다 내게서 정서적 안정을 찾으려

했다. 그럴 때마다 나는 "여보, 지금 그런 거 가지고 화내면 나중에 진짜 화내야 할 때는 아이들이 당신 말을 안 들을 거야. 잘못한 걸 짚어주는 걸로도 충분해."라고 슬쩍 속내를 내비쳤다.

남편이 아이를 다그칠 때마다 "왜 애들한테 화를 내!"라고 같이 화내면 싸울 수밖에 없다. '당신이 아이들과 오랫동안 좋은 관계를 유지했으면 좋겠다'는 의도를 내비치니 남편도 바로 수긍하고 화낸 것을 후회했다.

결혼 생활을 하면서 깨달았다. 남편이 아이들에게는 친구 같은 아빠가 되고, 내게는 근사한 남편이 되길 바란다면 내가 현명해야 한다. 그게 내 결혼 생활이 편해지는 지름길이고, 내 노후가 행복해지는 방법이다.

완벽한 손주 육아의 달인

육체적 지원군, 시어머니

시어머니는 평생을 전업주부로 살아오셨다. 손주가 없으면 무슨 낙으로 사셨을까 싶을 정도로 손주 사랑이 각별한 분이기도 하다.

사실 남편보다 시어머니가 내 사업의 일등 공신이며, 시어머니가 아이를 돌봐준다는 사실만으로도 내가 느끼는 안정감은 이루 말할 수가 없다. 이웃이 "진욱이 할머니는 진욱이랑 있을 때 행복해 보이셔. 한 번도 힘든 내색 안 하시더라."라고 말한 적도 있다.

시어머니는 나 대신 아이들에게 상냥하게 책을 읽어주셨고, 영양가 있는 밥을 손수 지어 먹이셨다. 또 손주가 다니는 어린이집에 직접 찐 옥수수를 드리고, 학원 버스를 놓친 날이면 먼 거리임에도 아이 손을 잡고 걸어서 학원에 데려다주셨다. 일하는 자식들의 부족한 점을 다 메워주셨다고 해도 과언이 아니다.

시어머니도 무척 힘들었을 것이다. 하지만 내색 한 번 없이 아이를 도맡아주신 시어머니. 나와 남편은 수고비를 늘 봉투에 넣어 "어머니, 이번 달에도 애 많이 쓰셨습니다. 항상 고맙습니다."란 글귀를 써서 드린다. 매번 "안 줘도 되는데."라며 편하게 받지를 못하셨다.

한 여자의 성공에는 한 여자의 희생이 필요하다

나의 이런 희생적인 아군을 부러워하는 사람이 많다. "친정엄마 아니었어?"라며 놀라기도 한다. 그러고 보면, 우리나라에서 고부지간은 가까워지려야 가까워질 수 없는 사이인가보다. 하지만 나는 이런 시어머니 덕에 걱정 없이 일할 수 있었다.

'한 여자의 성공에는 한 여자의 희생이 필요하다'라는 말을 떠올리면 항상 시어머니가 떠오른다. 공방이 힘들어 포기할까 싶다가도, 시어머니의 '애 봐주는 공'때문에 안 된다고 진담 반, 농담 반으로 이야기하고는 한다.

아직 철이 덜 든 며느리라 가끔 아이의 양육 방식에 불만을 품기도 하고, 나와 아이 이야기만 잔뜩 늘어놓기만 하는 것 같아 죄송할 때도 있지만 항상 고맙다.

"할머니 사랑을 유난히 듬뿍 받고 자란 우리 아들, 딸.
엄마가 출근할 때 서럽게 우는 대신,
할머니가 오는 기쁨으로 유아기를 보낸 녀석들.
아이들이 커서 어버이날을 맞이할 때,
엄마, 아빠보다 양가 할머니의 가슴에 먼저 카네이션을 달아드리길!"

chal kart

5
당신도 워킹맘입니까?

워킹맘
마인드

아이에게 미안해하지 말자

"미안해. 엄마가 못 놀아줘서."

"미안해. 오늘 바로 달려오지 못해서."

워킹맘들은 하루에 열두 번도 더 아이에게 미안해 한다. '일을 그만두는 게 아이에게 더 좋은 걸까.' 하며 엄마와의 애착에 대해 고민한다. 아이와 함께 하는 시간이 적으니, 아이가 정서적으로 불안해할 것 같고, 숙제를 봐주기도 힘드니, 아이의 성적이 떨어질 것만 같다. 또 반찬을 제대로 해먹일 수 없어 아이가 아프기라도 하면 내 탓 같다. 나도 초등학교에 입학한 아들이 책가방에 필통도 없이 학교에 다니는 걸 보고, 일하는 것에 회의감을 느낀 적이 있다. 아이의 친구 이름을 기억하지 못할 때는 미안했다.

나는 아이에게 일 때문에 미안하다고 사과하지 않는다. "일이 많아서 미안해."라고 반복적으로 사과하면 아이는 엄마의 일을 부정적으로 인식할 수밖에 없다. 결국 아이는 "엄마, 회사에 가지 마."라며 울음을 터트린다. 사과 대신, "엄마는 회사에서 중요한 사람이야. 엄마의 도움이 꼭 필요한 곳이 있어."라고 일에 대해 긍정적으로 이야기하자. 일하는 엄마에 대한 인식이 달라진다.

2015년 하버드대학에서 워킹맘과 전업주부의 자녀를 조사한 적이 있다. 그 결과 워킹맘의 딸이, 전업주부의 딸보다 독립적이고 출세했으며, 워킹맘의 아들은 전업주부의 아들보다 가사를 2배 정도 더 하며 가정적인 것으로 나타났다. 절대로 워킹맘의 자녀라고 해서 아이가 잘못되지 않는다. 그래서 육아를 양보다 질이라고 하지 않는가. 내가 묻지 않아도 유치원 준비물을 이야기하고, 자기 걱정하지 말라며 밝게 웃는 아이들을 보며 '나는 잘하고 있어.'라고 생각한다. 걱정하고 미안해하지 말자. 그리고 당장 냉장고 문에 써서 붙여놓자.

워킹맘의 딸들은 성공한다.

워킹맘의 아들은 멋진 남편이 된다.

당신은 당신의 꿈을 이루어가는 여성이면서,

좋은 엄마다.

엄마의 일터를 보여주자

일터는 부모가 하루 1/3의 시간을 보내는 곳이면서, 생계의 터전이다. 하지만 아이가 부모의 일터를 방문하는 일은 드물며, 그저 퇴근 후 찌든 표정으로 지쳐서 돌아오는 것만을 본다. '돈 버는 건 힘들다.'라고 부정적으로 인식할 수밖에 없다.

아이에게 기꺼이 엄마의 일터를 보여주자. 회사가 비교적 자유로운 분위기라면 방해되지 않는 선에서 방문해도 좋고, 주말을 이용해도 좋다.

엄마의 사무실과 책상을 보여주며 엄마가 하는 일을 설명해주면 호기심에 눈이 말똥말똥해질 것이다.

나처럼 개인 사업을 하는 엄마라면 더 좋다. 엄마가 운영하는 작업실이나 매장에 초대해 엄마가 일하는 모습을 보여주면, 일에 대해 긍정적으로 인식하고, 엄마가 없어도 안심할 것이다.

물론, 일하는 모습을 밝고 즐겁게 연출하는 것은 필수다!

엄마가 일하는 이유

때가 되면 워킹맘의 자녀들은 의문을 품는다. "왜 우리 엄마는 집에 안 계시지? 친구네 엄마는 다 집에 있는데?"

아이에게 왜 일하는지 설명한 적이 있는가? 흔히, 돈을 벌어야 장난감도 사주고, 맛있는 음식도 사 먹을 수 있다고 이야기할 것이다. 맞다. 경제적 이유야말로 엄마도 일을 하는 가장 큰 이유이다.

하지만 생계형이더라도, '나'를 잃지 않기 위해 일하는 것도 맞다. 그러므로 "엄마는 너랑 노는 게 제일 좋아. 하지만 엄마도 하고 싶은 일이 있어. 잘하는 일이 있어."라고 이야기하자.

또는, "아빠 혼자 일하면 힘드니까 엄마도 도와야 해. 너랑 놀아주는 시간이 부족해서 미안해. 하지만 엄마는 밖에서도 네 생각을 제일 많이 해."라고 이야기해주자.

'돈을 벌어야 장난감도 살 수 있다'라는 이야기를 듣고 자란 아이는 돈이 곧 행복이라고 생각해 일의 가치를 돈 버는 것에만 둘 수 있다. 그리고 '일하는 여성'에 대해 부정적인 생각을 할 수도 있다. "우리 엄마는 나대신 일을 선택했다."라고 이야기한다면 상상만으로도 끔찍하다.

나는 초등학교 1학년 아들의 숙제 검사를 새벽 1시에나 한다. 엄마의 도움 없이 고민하며 숙제한 흔적을 보면 대견하고, 안쓰럽다. 삐뚤빼뚤 써 내려간 한글 쓰기 연습장에 하트를 그리며 "굿! 우리 아들 잘했어!"라고 써둔다.

그리고 내일 집에서 할 숙제를 적어둔다. 이런 식으로라도 엄마의 흔적을 발견한다면 공부 습관을 잘 키워줄 수 있으리라 믿는다.

"진욱아, 연우야.
엄마는 너희가 가장 소중하지만,
일은 엄마 인생에 꽃이기도 해.
너희의 꿈과 엄마의 꿈은 함께 성장하는 거야."

워킹맘,
육아
노하우

엄마의 존재만으로 어깨에 힘이 들어간다

큰아들을 키우면서 나도 워킹맘들이 갖는 죄책감을 똑같이 느꼈다. 혹시 나와 애착이 잘 안되어 문제가 생기지 않을까 신경이 쓰였다. 집 근처 공원에서 아이가 친구들과 놀 때면 엄마들도 삼삼오오 모이는데, 우리만 꼭 그 자리에 할머니가 계셨다. 시어머니가 젊은 엄마들 사이에 행여 소외감 느끼지 않을까도 걱정이었다.

큰아들이 갓난아이일 때부터 초등학교 입학할 때까지 시어머니와 친정엄마에게 바통 터치하듯 맡기고 일했다. 물론, 지금도 진행형이다.

큰아들은 공원에서 또래와 어울릴 때 엄마의 부재를 느끼는듯 했다. 일찍 퇴근해 아이와 공원에 나갔는데, "엄마도 저기 엄마들 옆에 가서 얘기해."라고 하는 것이다. 묘한 감정이 들었다. '아, 아이는 늘 저기 모여 있는 엄마들을 보면서 나의 부재를 느꼈구나. 내가 없어서 기죽거나 눈치 보이지는 않았을까? 워킹맘은 엄마들 사이에서 '엄따'가 된다더니, 내 아이도 느끼는 걸까?'

내가 엄마들과 어울려 이야기를 하니, 아이가 조금 더 안정적으로 노는 것 같았다. 그 후로도 이런 일은 반복되었다.

아이는 엄마의 존재만으로도 어깨에 힘이 들어간다. 그날 이후로는 집에 일거리를 가지고 와 새벽까지 일하더라도, 공원에서 아이가 노는 시간에 함께 있어 주려고 노력한다.

클래스가 없는 날에는 잠깐이라도 시어머니와 교대해 공원에 있어 주었다가, 다시 공방으로 나갔다.

최선을 다하는 엄마가 아이의 자존감을 키운다

아이가 또래와 어울리는 시기에 필요한 엄마의 역할이 있다. 생존을 책임지는 역할이 아닌, 바로 아이의 자존감을 키워주는 역할이다. 전업주부만큼은 아니어도, 나도 내 상황에서 가장 효율적인 방법으로 해보자고 마음먹었다.

나는 최대한 주말을 이용해 또래와 만나는 시간을 주었다. 직장맘이라면 연차나 월차를 쓰고 친구를 집에 초대해주어도 좋을 것이다.

완벽한 엄마보다는, 최선을 다하는 엄마의 모습이 아이의 자존감을 키워주는 데 중요하다. 그래야 엄마도 행복하다. 워킹맘의 자식으로 살아갈 우리의 아이들이 씩씩하게 자랐으면 한다.

초등학교 입학, 워킹맘의 적신호

큰아들이 여덟 살이 되자, 위기가 찾아왔다. 아이가 초등학생이 된다는 건 워킹맘에게 적신호를 의미한다. 적신호에는 멈춰야 한다. 아이의 초등학교 입학은 워킹맘들이 '무덤'이라고 표현할 정도로 신경 쓸 게 많다.

일단 아이는 유치원이라는 울타리를 벗어나 학교에 입학했으니, 배변 후 뒤처리도 혼자 해야 하고, 딱딱한 의자에 앉아 수업도 들어야 한다. 엄마는 엄마대로 아이가 친구는 잘 사귈지, 급식은 잘 챙겨 먹을지 걱정이다. 또, 방과 후 활동도 신경 쓰인다. 슬슬 학원도 보내야 하고, 간식도 챙겨야 한다. 학원에 셔틀버스는 있는지, 픽업도 되는 곳인지 따져야 할 것도 많다.

나도 이런 크고 작은 변화로 3개월간 스트레스가 극에 달했다. 마음에 드는 학원은 셔틀버스가 없어 직접 차로 데려다주는데, 지금도 학원에 보내는 날에는 알람을 맞춰두고, 일하다가도 뛰쳐나간다. 워킹맘은 학원을 선택할 때 폭이 좁다. 반드시 셔틀버스가 있어야 한다.

또, 1학년 학기 초에는 엄마가 학교에 불려가는 일도 잦다. 반 모임, 봉사 활동… 정말 학기 초 3개월 동안은 정신 바짝 차리고 아이를 챙겨야 했다.

이 또한 지나가리라

아이 앞에서 초조한 모습을 보이지 않으려 애썼다. 그 덕분인지 아이도 학교에 적응을 잘했다. 아침마다 손 잡고 등교를 시켜주었는데, 일주일이 지나자 "엄마, 나 이제 혼자 갈 수 있어."라며 같은 아파트에 사는 친구와 함께 등교를 시작했다. 학교에 방문해 몰래 창문 너머로 아이를 본 적이 있는데, 바르게 앉아서 선생님 말씀을 듣는 걸 보니 대견했다.

12월 말에 태어나 늘 또래보다 작았던 큰아들. 집중력이 약하고 산만하기도 하지만 그럭저럭 학교에 적응하는 모습을 보니 안심이 된다.

제 등보다 큰 가방을 메고, 혼자 실내화를 갈아 신고, 교실을 찾아가고, 공부하고, 급식실로 가서 밥을 먹는다는 것은 어른의 도움 없이 독립성을 획득해 나가는 과정이다.

이때 아이 앞에서 과하게 걱정하고, 신경 쓰며 초조한 모습을 보이지 않으면 좋겠다.

방과 후에 "오늘 뭐 배웠어? 오늘 숙제 뭐야?" 같은 정말 재미없는 질문도 하지 말자. 궁금하더라도 일단 교문을 향해 걸어 나오는 아이를 따뜻하게 바라보고, 학교가 정말 즐거운 곳이라고 느낄 수 있게 신경 쓰면 1학년 1학기는 성공이다.

등원 거부, 사교육의 시작

이번에는 작은딸 이야기이다. 우리나라의 어린이집과 유치원에는 종일반 제도가 있다. 워킹맘을 위해 오후 6시까지는 보육을 맡길 수 있는, 정말 고마운 제도다. 그리고 워킹맘은 종일반의 하원 시간에 맞춰 퇴근할 의무가 있다. 그래서 시간 외 업무가 있거나, 갑작스러운 회의가 잡히면 두려움에 사로잡힌다.

아이를 데리러 어린이집 문을 열면 딸은 "엄마!" 하고 달려와 안겼다. 그러면 반가움보다는 미안함이 밀려온다. "그래, 엄마가 오길 얼마나 기다렸니."

엄마가 빨리 데리러 오면 좋겠어

작은딸은 네 살부터 쭉 종일반이었다. 정규 시간이 끝나면 엄마가 올 때까지 그냥 자유롭게 놀았다. 하지만 다섯 살에 유치원으로 옮기며 변화된 심기를 예고했다. 자려다가 갑자기 훌쩍이며 "엄마, 나 종일반 안 하면 안 돼? 엄마가 빨리 왔으면 좋겠어."라고 말한 것이다!

가슴이 철렁 내려앉는 기분이었다. 다섯 살이어도 12월생이라 네 살이나 다름없는 아이가, 참다 참다가 내게 속마음을 털어놓았으리라. 그러고는 정말 다음날부터 유치원 문 앞에서 안 들어간다고 울기 시작했다. 출근 시간도 미루고 놀이터에서 한참 놀아주고 보내도 서럽게 울었다.

늦은 시각, 아이와 하원하며 놀이터를 지날 때면 반 친구들이 놀고 있었다. 3시에 나와서 놀기 시작한 아이, 4시에 나와 놀기 시작하는 아이… 작은딸도 같이 놀고 싶은데, 5시에는 다들 집에 들어가니 그게 속상했던 것 같다.

그래서 종일반 대신, 아이가 다니고 싶어 하는 학원에 보내기로 했다. 어차피 유치원에 미술, 피아노, 태권도, 발레 등 학원에 다니는 아이들이 있어서, 예체능 학원이라면 다섯 살이어도 부담스럽지 않았다.

사교육의 시작

"연우야, 발레 배울래? 예쁜 발레복 입고, 음악에 맞춰서 춤도 추면 좋을 것 같은데." 그제야 딸은 밝게 웃었다. 이후 작은딸은 3시쯤 학원 차를 타고 발레를 배우러 다니게 되었다. 아이에게 괜찮은 변화였는지, 그 뒤로 등원 거부가 사라졌다.

그리고 지금은 미술 학원까지 다니며 누구보다 바쁜 나날을 보내고 있다. 일곱 살인 지금까지 다니고 있으니, 사교육비는 좀 들지만, 워킹맘인 내게는 참 고마운 일이다.

엄마가 콧노래를 흥얼거리기 시작했다

나는 늘 엄마가 되고 싶었다. 그래서 둘이나 낳았다.

내 바람대로 아들 하나, 딸 하나. 일하면서 아이를 키우는 게 쉽지는 않으나, 한 번도 후회한 적이 없다. 힘들 때마다 '그래, 다 내가 원했던 거야. 헤쳐 나가야 할 인생이다.'라고 나를 위로한다.

육아가 가장 힘든 시기

나는 아이들이 다섯 살이 되기 전까지가 가장 힘들었다. 걸음에 서툴러 수시로 부딪히고, 넘어지고 정말 한 시도 눈을 뗄 수가 없었다. 좀 잘 걷는다 싶으면 뛰어다니기 시작이다. 그냥 길이 보이면 뛴다. 엄마의 체력이 참 중요한 시기이다.

그때는 아이 반찬도 따로 준비해야 하고, 외출할 때도 큰 가방에 기저귀, 물티슈, 공갈 젖꼭지, 여벌 옷 등을 가득 넣어 다녀야 했다. 아기띠는 그냥 집에서도 차고 다녔다. 외출도 낮잠 시간에 맞춰서 해야 하고, 밥은 먹다 또 왜 이렇게 토하고 뱉는지… 밤새 찾아 읽던 육아 서적과 인터넷 정보를 다 정리하면 엄마들 다 교육학 석사 논문은 썼을 것 같다.

이제는 조금 살 만하다

나는 아들은 일곱 살, 딸은 여섯 살이 되어서야 비로소 육아가 좀 편해졌다. 용변도 혼자 보고 나올 줄 알고, 젓가락질도 제법 잘하니 나도 편하게 밥을 먹을 수 있다.

또 핸드백에 물티슈 정도만 챙기면 되니 양손이 가볍다. 무엇보다 아이들과 '대화'가 통하는 게 가장 좋다. 엄마에게 자기 생각을 말할 수 있고, 아이의 유머에 엄마도 웃을 수 있다.

이쯤부터 엄마와 아이가 여행을 다니기도 한다. 비행기에서 못 버틸까 걱정하지 않아도 되고, 반나절은 거뜬히 걸을 수 있다.

엄마는 맥주잔, 아이는 주스 잔을 들고 건배하는 황홀한 육아!

나는 딱 그 시기이다.

그래서 올해는 아홉 살이 된 아이와 미국 여행도 계획했다. 수다도 떨고, 맛있는 음식도 먹는 상상만으로도 행복하다. 호기심 많은 아들이라 쉴 새 없이 질문하겠지만, 분명 나는 행복할 것이다.

워킹맘은 혼자 있고 싶다

엄마들에게 휴가가 주어지면 무엇을 하고 싶은지를 물으면 "아무것도 안 하고 잠만 자고 싶다."라는 답이 제일 많다. 공감한다.

전업주부도 엄마, 아내, 며느리의 역할까지 정말 많은 일을 한다. 워킹맘은 직급이 하나 더 추가된다. 과장님, 팀장님, 차장님… 이 모든 역할을 해내려면 반드시 휴식이 필요하다.

몸으로 나타나는 쉬라는 신호를 무시하면 쓰러지고 만다. 어떤 배우도 아줌마 의상을 입고, 회사원도 되었다가, 노인도 되었다가, 아이가 되는 연기를 하지 않는다.

1인 2역, 1인 3역을 하는 배우들도 무대 뒤에서 옷을 갈아입고, 분장도 고치고, 물도 마시며 쉬는 시간이 있다.

혼자 즐길 수 있는 취미를 갖거나, 조용한 카페에서 책을 읽는 것도 좋다. 여건이 된다면 혼자만의 여행도 좋다. 그냥 아무것도 안 하고 잠만 자는 것도 좋다.

왜 워킹맘에게 혼자 있는 시간이 필요할까?

나는 혼자 있으면서 많은 것을 생각한다. 나는 잘 살고 있는지, 무엇을 위해 열심히 사는지 자기 성찰을 한다.

바쁘게 살다 보면 왜 사는지도 모르는 채 마음만 조급해지고, 나와 내 주변을 둘러볼 여유가 없어진다. 마라톤을 완주하려면 무작정 달리는 게 아니라 페이스를 조절해야 한다.

또, 내가 있던 자리에 내가 없으면 비로소 내가 보인다. 엄마가 있던 자리에 내가 없으면 가족들은 나의 소중함을 알게 될 것이다. 당장 요리를 해 입에 밥 넣어주는 사람이 없으니 아이와 남편은 내가 얼마나 중요한 사람이고, 일을 잘해왔는지 저절로 알 것이다.

남편은 아내 없이 아이와 잘 놀아주기 위해 애쓰게 되고 어떤 옷을 꺼내어 입혀야 하는지, 숙제는 어떻게 봐줘야 하는지까지 알게 될 것이다. 워킹맘은 바쁘다. 하지만 휴식을 통해 내일도 달릴 수 있음을 명심하자. 그리고 오늘이 있기에 빛나는 내일도 있을 거라 믿어 의심치 않는다.

초크아트,
광고인가
예술인가 ____________?

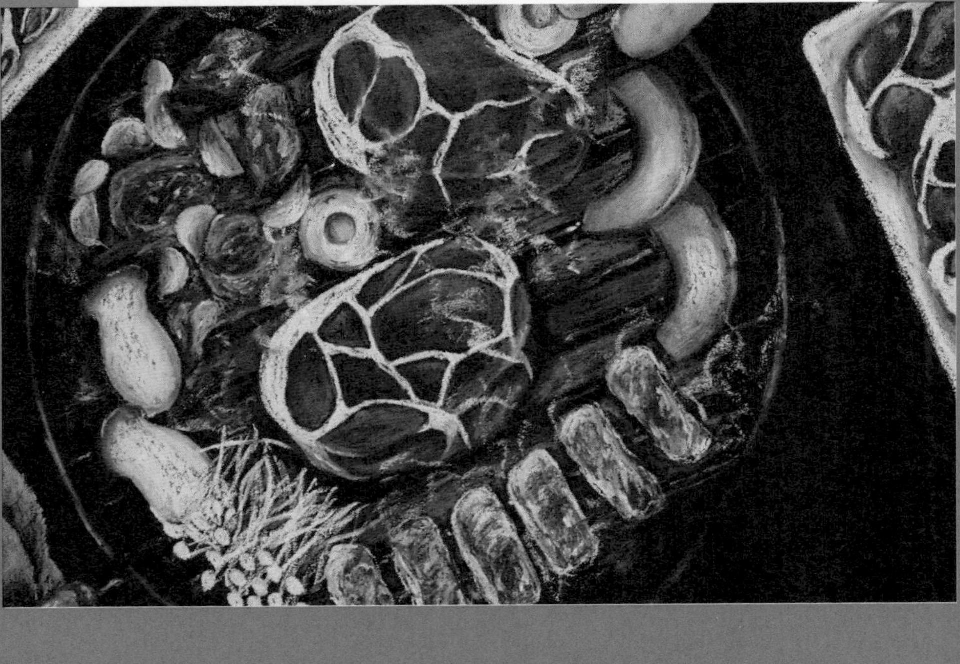

초크아트는 아직도 국내에 많이 알려지지 않은 분야이다. 물감이나 색연필이 아닌, 오일 파스텔로 작업한다는 것도 익숙지 않다.

주로 카페나 음식점에서 볼 수 있는 그림이라서 배우기 어렵다고 생각하거나, 배울 수 있는 곳을 모르는 경우가 많은데, 사실 10년 이상 일하고 있는 초크 아티스트도 많고, 나도 그중 한 사람이다.

초크아트는 광고물, 즉 상업 미술이다. 상업 미술은 상업적 목적을 가지고 상품을 알리거나 구매욕을 이끄는 디자인을 추구하기 때문에, 아름다움과 동시에 대중적이고 경제적인 디자인이어야 한다. 파스타 전문점의 메뉴를 그린다면, 파스타에 양파, 버섯 등의 재료를 실제 이미지보다 더 먹음직스럽게 그려야 한다. 과장되더라도 한 컷의 비주얼로 이목을 집중시켜야 한다.

신문방송학을 전공한 내게, 미술과 디자인을 전공한 사람들도 그림을 배우러 온다. 초크아트가 순수 미술과 조금은 다르기 때문일 것이다. 초크아트를 배워보고 싶거나, 직업으로 삼고 싶다면 그림 실력뿐 아니라, 내 그림이 팔릴 수 있도록 마케팅과 홍보도 함께 공부하길 바란다.

초보자도
따라 하기 쉬운
초크아트 원 클래스

베이글 샌드위치 그리기

재료

· 펜텔 50색 오일 파스텔(전문가용)

· MDF 보드 (3mm 또는 6mm)

· 검은색 유성 색연필, 흰색 스케치용 색연필

· 칠판 페인트, 스펀지 롤러

원 클래스에서는 '베이글 샌드위치'를 그려보도록 한다. 실제로 초크아트 메뉴판 제작에서 샌드위치, 햄버거는 수요가 많다. 실제 사진보다 더 먹음직해 보이고, 따듯한 손 그림과 이국적 색감을 주기 때문에 많은 곳에서 사랑 받는다.

1. 베이글 그리기

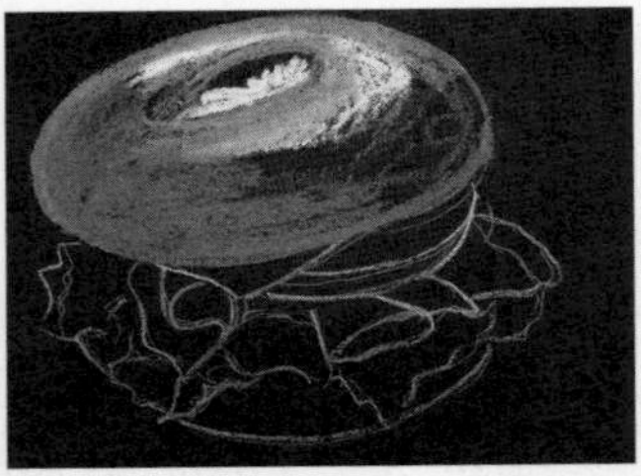

베이글은 라이트오커(122번), 로시에나(123번), 테라코타(126번)를 사용한다. 테라코타(126번)로 베이글의 밝은 부분과 어두운 부분을 표현하고, 흰색(100번)을 강하게 넣어 베이글의 도톰함과 윤기를 표현한다.

2. 치즈 그리기

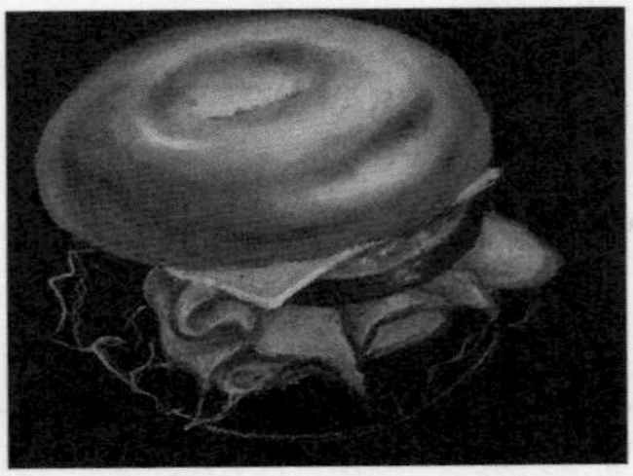

샙그린(143번)을 기본으로 양상추를 그린 다음, 흰색(100번)과 보틀그린(147번)으로 구불거리는 부분을 표현한다.

3. 토마토 그리기

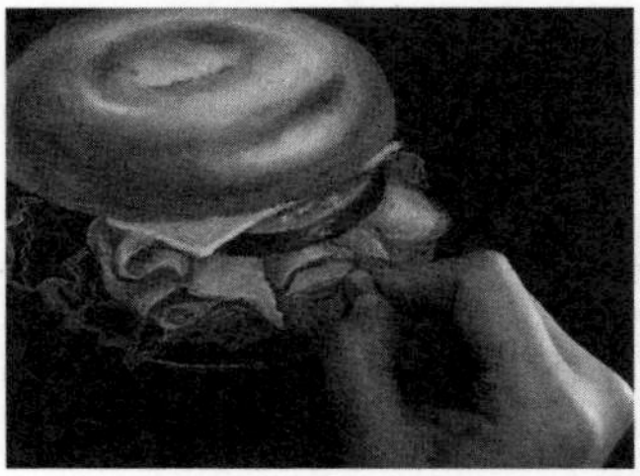

슬라이스 토마토의 단면은 딥오렌지(106번)로 밝게 표현하고, 옆면은 스칼렛(112번), 카민(113번)으로 붉게 표현한다. 둥근 부분에 흰색(100번)을 넣어 볼륨감을 살린다.

4. 베이컨 그리기

샌들우드(124번)를 기본으로 베이컨을 그린 다음, 번트시에나(125번)로 구불거리는 옆면을 표현한다. 베이컨 특유의 분홍빛은 로즈핑크(115번)를 살짝 섞어 표현한다.

5. 양상추 그리기

딥크롬옐로(104번)를 기본으로 치즈를 그린 다음, 치즈의 옆 부분에 흰색(100번)을 넣는다.

초크아트가 궁금하거나, 배우고 싶은 분들은

'바니엄마 TV' QR코드를 찍어주세요.

바니엄마 TV QR코드